NATURE

在舊輕井澤騎著自行車穿梭樹林當中，非常舒服（P2）／可以同時享受購物、美食、綠意圍繞的散步道的榆樹街小鎮（P3）／因新綠&紅葉景點為人熟知，也是輕井澤綠洲的雲場池（P4上）／在輕井澤有很多適合拍照的散步道（P4下）／在湖泊的周圍散佈著美術館及文化遺產的輕井澤塔列辛（P5）／白絲瀑布是可以感受大自然震撼之美的人氣觀光景點（P6）

ENTS

060

078

095

let's enjoy!

符號標示 ☎ 電話 MAP 地圖 🏠 地址 🚏 交通 ¥ 費用
🕐 營業時間 ❌ 公休日 🪑 座位數 Ｐ 停車場
地圖標示 觀光景點・玩樂景點 用餐 咖啡廳 伴手禮店・商店
酒吧・居酒屋 純泡湯 住宿設施 休息站 ⊗ 禁止通行

SCENE 1
@如畫庭園

RECOMMENDED BY

輕井澤居民 撰稿人
中丸一沙 小姐

深愛輕井澤的森林，致力於保護日本松鼠。著有《ニホンリスのメロウ 軽井沢 Kazusaの森の物語》（求龍堂）等書。

圓滾滾的日本松鼠⑥
中丸一沙ⓒ

SCENE
1
2
3
4
5

有如繪本中出現的森林般
充滿幻想的庭園

　　於輕井澤繪本之森美術館（→P67）腹地內擁有大面積的如畫庭園，在設計時活用了原生的草木，因此可以享受到充滿輕井澤風格的風景，是眾多綠色景點中我最喜歡的地方。

　　只要一路進腹地內，就會看到一整片色彩豐富的植栽，是沒有人工感、很自然的氛圍。因為庭園圍繞著繪本之森美術館，彷彿是繪本中的森林一樣，我感覺自己似乎也化身為彼得兔了。而我最喜歡的日本松鼠也會來這裡遊玩，請大家一起來尋找看看牠的身影。

---

❶ 彎曲綿延的遊步道，以淺間石堆積的石牆作為步道的界線

❷ 花草、樹木、殘株等自然感的配置也是一絕。營造出童話故事般的氛圍

❸ 在森林裡也放置桌椅和涼亭，可以悠閒地欣賞風景

❹ 在散步途中發現的蜜蜂。不只是花草，也可以看到昆蟲和鳥類

❺ 綻放著黃色花朵的黃雛菊、金光菊。7、8月是最佳賞花時期

❻ 日本松鼠為輕井澤代表性的動物，特徵是小巧的身體和三角形的耳朵

❼ 佔地約3000㎡的花園環繞著整座博物館

❽ 在入口附近的招牌。請來享受這座美如其名的庭園

(南輕井澤)

ぴくちゃれすく・がーでん（むーぜのもり）
如畫庭園（神秘女神之森）

位於輕井澤繪本之森美術館腹地內的如畫庭園，為英國庭園設計師保羅・史密瑟（Paul Smither）打造的自然庭園。庭園內配置了適合輕井澤氣候與土壤的宿根草及原生植物。

☎0267-48-3340　MAP附錄正面⑤B2
🏠輕井沢町長倉182❗️JR輕井澤站車程8分🚌輕井澤繪本之森美術館／如畫庭園套入館900日圓(11～1月、3～4月為800日圓)、與愛爾茲玩具博物館、輕井澤的兩館套票1100日圓(11～1月、3～4月為1000日圓)🕘9:30～17:00(12、1月為10:00～16:00)🈚週二(黃金週、7～9月無休、12、1月需洽詢、1月中旬～2月休館)🅿200輛

SCENE 2

@ Café Raffine
— カフェ ラフィーネ —

1

幽美苔庭與樹葉縫隙間傾洩的陽光讓人忘卻時間、平靜心靈

第一次到訪大約是20年前。這裡可說是輕井澤開放式露台咖啡廳的先驅。露台座位是夏季的特等席。眼前一片覆蓋著青苔的庭園、樹林輝眼的蔥綠色、清澈的空氣感相當療癒，望著偶爾出來遊玩的野鳥和松鼠，都快讓人忘了時間的流逝。

而我到訪時一定會點香蕉蛋糕。香蕉用量毫不吝嗇，溼潤且充滿風味的蛋糕，加上大量口感輕盈的鮮奶油，多到幾乎都要蓋住蛋糕了！我喜歡與味道醇厚的原創咖啡一起享用。

RECOMMENDED BY
All About 輕井澤導覽員
塩田典子 小姐

廣泛活躍於雜誌、網路媒體等的旅遊作家。最喜歡的城市是輕井澤，喜愛到將來想要移居於此的程度。

我最愛的輕井澤5景 ♥ Café Raffine

（ 輕井澤站周邊 ）

カフェ ラフィーネ
Café Raffine

位於散佈著別墅和獨棟餐廳的雲場池附近，是此地區中的老字號咖啡廳。洋樓讓人連想起新藝術運動，內有面對苔庭的露台座位。與創業當時相同食譜製作的蛋糕和生豆熟成處理的咖啡850日圓頗受好評。

☎0267-42-4344　MAP 附錄正面②B3
🏠輕井沢町六本辻1663　🚉JR輕井澤站步行15分　🕚11:00～18:00
（黃金週、8月為10:00～）　🈹不定休（黃金週、8月無休。1月下旬～3月下旬僅週六日、假日營業）　🈺50　🅿6輛

① 可邊放鬆邊眺望覆滿青苔的庭園，是長年受別墅住戶深愛的店家

② 立於玄關旁的松鼠看板。像是從巢裡探出頭來一樣，相當可愛♥

③ 口感溼潤的香蕉蛋糕850日圓，與不酸不苦的咖啡非常對味

④ 木頭及紅磚搭配出古典的氛圍。成熟的樣貌極具魅力

⑤ 店裡陳列了店主親手製作的蛋糕。生乳酪蛋糕、司康各850日圓

⑥ 立於六本辻附近閑靜道路的招牌。路燈也是古典風格

⑦ 從店裡也可眺望清爽的庭園。店裡也有施以輕井澤雕刻的桌子等

⑧ 被樹木圍繞的小洋樓。不知道的人可能不小心就錯過它了

SCENE 3

@Hotel Bleston Court

— ホテルブレストンコート —

1

RECOMMENDED BY

輕井澤Salad Farm

依田美和子 小姐

以「培育美味就要先培育土地」為箴言，
由夫妻兩人栽種無農藥的高原蔬菜。費心
照料的蔬菜也得到當地居民的好評。

❤ 5

料理與景色都非常重視時令。
享受美味的時刻

　　生產者都希望客人在食材最美味的時期享用，為了實現這個想法，早餐都是使用該季最美味的蔬菜。工作人員們也勤於學習，為客人做出徹底展現蔬菜優點的料理。上菜時對餐點的說明也非常棒！

在料理中享受當季的味道後，也請欣賞飯店中庭的景色。依不同季節有新綠、紅葉、遼闊的星空等完全不一樣的氣氛，真的很美。

不論是料理還是景色都四季分明，所以不管來幾次都不會膩呢。

❤ 6

我最愛的輕井澤5景〈Hotel Bleston Court〉

① 以當季蔬菜與信州產蕎麥麵粉製作的法式薄餅。現煎的香氣也是味覺享受

② 生菜沙拉、醃黃瓜、塔帕斯等使用的也都是當季的蔬菜

③ 從新綠到紅葉、冬天的星空等，可以感受到四季之美的飯店中庭

④ 也有綠意圍繞的露台座位，可聆聽到令人愉悅的鳥鳴聲

⑤ No One's Recipe 的菜單正面。與法式薄餅一樣大小的形狀很可愛

⑥ 飯店人員無微不至的服務，對客人的詢問都會很仔細地回答

⑦ 以白色為主調的設計師小屋，大面窗戶外是一片綠意

⑧ 有露台的度假小屋，能感受充滿開放感的氣氛

（中輕井澤）

ほてるぶれすとんこーと

Hotel Bleston Court

飯店座落於樹林之中，全部客房都是小木屋類型，像是住在別墅裡一樣愜意。早餐在Restaurant・No One's Recipe用餐。以蕎麥法式薄餅為主餐，前菜及甜點則是從自助餐檯選擇。是全餐式的奢侈早餐。

☎0267-46-6200　MAP 附錄正面④B3
🏠輕井沢町星野　🚌JR輕井澤站車程15分　¥1泊附早餐17000日圓～
🕐IN15:00/OUT12:00（只用早餐者需預約）　休有冬季休業
🅿160輛

⑦

⑧

SCENE 4

@一步 BAKERY

— いっぽ べーかりー —

1

重現德國正統滋味的溼潤黑麥麵包

店長因為忘不了年輕時在德國吃過的黑麥麵包，為了重現那個味道而開了這間店。以玄米、葡萄乾、蘋果、柿子等各種素材不斷地嘗試自製天然酵母，追求目標中的味道。黑麥麵包一般為風味偏特殊的麵包，但這裡的麵包卻很順口、很溼潤。另外，因為全部都是以自然食材製作，所以我很喜歡這種有益健康的麵包。

而室內佈置也值得注目。活用原本是追分宿糯米丸子老店的建築物，可以在店裡稍作休憩。也務必品嘗看看使用麵包製作的餐點。

RECOMMENDED BY

ギャラリー日曜館 店長

青野秀子 小姐

經營位在萬平飯店輕井澤腹地內的畫廊。服務飯店及別墅住戶有10年以上，對當地了解相當透徹。

SCENE
1
2
3
4
5

我最愛的輕井澤5景 — 步 BAKERY

① 在採訪時是使用烤箱烘烤麵包，使用木材及瓦斯的烤窯正在開發中

② 在面積1200㎡的農地中栽種黑麥。雖然不是全部，但製作時也使用了這裡的黑麥

③ 很適合當紅酒的下酒菜，1袋300日圓的義式麵包棒也是人氣商品

④ 最上面是加了葵花子的80%黑麥麵包700日圓。口感紮實

⑤ 每天早上3點開始從工坊出爐的麵包，在開店前會陳列至店面

⑥ 在自家農園栽種的黑麥。目標是全部麵包都使用自己種植的黑麥

⑦ 於2013年開幕，是較新的店家。獨具追分的風情是魅力所在

⑧ 使用玄米種酵母製作的法國麵包280日圓。內部蓬鬆溼潤

（ 信濃追分 ）

いっぽ ベーかリー

一歩 BAKERY

使用當地生產的水果等，以自製天然酵母製作的麵包約有40種類。推薦可以品嘗自製麵包的餐點，如1200日圓的綜合套餐等。除了麵包之外，由建築師店長翻修的建築物及室內擺設也不容錯過。

☎0267-41-6511　MAP 附錄正面⑥B1
🏠輕井沢町追分578　🚃信濃鐵道信濃追分站車程5分
🕙10:00～17:00　休週四　席18　P5輛

SCENE 5

@輕井澤塔列辛

— かるいざわたりあせん —

RECOMMENDED BY

株式會社FLOWER FIELD

鈴木照明先生

以輕井澤為中心，在長野縣內展店的花店。除婚禮的花藝設計外，在各個領域中也相當活躍。

想就這樣一直看著…
屬於塔列辛的特色風景

　　我喜歡沿著位於腹地中心處的鹽澤湖畔散步，享受多樣的景色，其中最喜歡的是從舊朝吹山莊「睡鳩莊」2樓陽台望出去的景色。一片湖面呈現在眼前，被樹林蔭罩的中島，還有划船遊樂的人們……。這就是人們休憩的場所，輕井澤塔列辛的特色風景。不管去幾次，都會看得出神。像是英國玫瑰庭園等，腹地內的花朵也很美，請您開地四處走走欣賞。

我最愛的輕井澤5景●輕井澤塔列辛

（南輕井澤）

かるいざわたりあせん
輕井澤塔列辛

約10萬㎡的腹地中央有座鹽澤湖，也有文人的別墅建築及博物館等散佈其中。有展示了與輕井澤有淵緣的作家親筆原稿或收藏品的輕井澤高原文庫，以及深澤紅子野之花美術館等。也備有餐廳、咖啡廳、商店。

☎0267-46-6161　MAP 附錄正面⑤A2
🏠輕井沢町長倉217　🚏JR輕井澤站車程10分
🎫入園800日圓(腹地內的博物館門票另計)
🕘9:00～17:00(冬季會有變動)　🈚無休
🅿220輛(付費，1次500日圓)

① 佇立在湖畔的舊朝吹山莊「睡鳩莊」。為法國文學家，朝吹登水子的舊別墅

② 從睡鳩莊2樓陽台望出去的景色。右手邊是中之島

③ 為舊輕井澤郵局的「明治四十四年館」。帶了點童話般的味道

④ 花道家假屋崎省吾在6月中旬～7月上旬會於睡鳩莊舉行個展

⑤ 英國玫瑰庭園。賞花季為6月下旬到7月上旬

⑥ 睡鳩莊1樓的客廳。施以輕井澤雕刻的家具等生活用品全是當時留下來的

⑦ 淘氣地步行於湖畔的鴨子們。也可以買1袋100日圓的飼料餵食

⑧ 英國玫瑰庭園裡可愛的小人偶擺飾

（繼續看下去）

我最愛的

請多次造訪輕井澤的旅行家以及當地
以及當地最有人氣的美食。說不定能

Q1
SPOT
在輕井澤
最喜歡的地方
是哪裡？

Q2
GOURMET
非吃不可
的美食是？

Q3
HOT NOW
現在最受矚目的
旅遊主題・景點
是什麼？

A1 佇立於玫瑰園中的「RUZE Villa」

與「KARUIZAWA LAKE GARDEN（→P108）」相鄰的飯店。我最喜歡佇立於玫瑰庭園中的洋樓，有如歐洲宅邸般的氣氛。在午茶室一邊眺望著庭園，一邊啜飲著葡萄酒是最幸福的時刻了。

A2 與紅酒最對味的信州食材料理

位於榆樹街小鎮內的「Restaurant & Deli・Wine CERCLE（→P34）」，可以享用到安曇野野放豬排及最高級的生火腿，與葡萄酒最對味的料理及熟食。葡萄酒的絕妙選擇是魅力所在。

A3 留意一下珍貴的日本松鼠

輕井澤是保有野生日本松鼠棲息的珍貴森林地。「旧軽井沢cafe涼の音（→P42）」或「Ray coffee house（→P45）」等，有不少不會有松鼠出沒的咖啡廳，請務必去探訪看看。在有落葉的秋天到冬天期間很容易遇到喔。

A1 有如置身歐洲別墅的舊朝吹山莊「睡鳩莊」

舊朝吹山莊「睡鳩莊（→P18）」給人像是到訪歐洲鄉村的風情。昭和時期的美國人建築師・瓦歷斯的設計極為出色。從餐廳兼客廳的空間可窺見優雅的別墅生活，讓人有奢侈的心情。

A2 講究的現烤麵包！

繼老字號之後，不斷有新的麵包店誕生。對喜歡麵包的我來說，嘗遍麵包店是我在輕井澤的樂趣之一。其中像是haluta輕井澤店（→P73）等，在中輕井澤有很多我喜歡的麵包店。

A3 新店開幕「BAKERY SAWAMURA」

在2015年7月開幕的「BAKERY & RESTAURANT SAWAMURA KARUIZAWA（→P38）」。是位在榆樹街小鎮的輕井澤2號店。不但空間寬闊，菜色也很豐富，一定要來看看。披薩包、披薩餃都是我的最愛。

輕井澤居民 撰稿人
中丸一沙 小姐

All About輕井澤導覽員
塩田典子 小姐

其他輕井澤風景

居民們，告訴我們最推薦的地方，
發現全新的魅力與旅遊方式喔！

A1 舒適的樹蔭「雲場池」

因為我經營農場，所以很喜歡充滿自然的地方。「雲場池（→P58）」雖然距離輕井澤站和舊輕井澤銀座都很近，卻非常安靜，是可以聽到鳥鳴聲的療癒景點。在池邊散步，心靈都沉靜下來了。

A2 使用大量當地蔬菜的義大利料理

義大利餐廳「il sogno（→P104）」中使用大量當季蔬菜的料理是美味極品。招牌料理是以石窯烘烤的天然酵母披薩和義大利麵，但每次都會推出不同的菜色，是去再多次也不會膩的珍貴店家。

A3 接觸大自然的賞鳥體驗

在「picchio（→P103）」可以體驗在森林中賞鳥的活動。而在「Hotel Bleston Court（→P14）」也有可以體驗收成蔬菜的住宿專案，歡迎來與大自然作接觸。

A1 輕井澤最美的散步道「幸福之谷」

萬平飯店（→P62）附近有很多較高的樹木，有像是被森林擁抱一樣的療癒感。其中「幸福之谷（→P96）」擁有位在森林中的石板步道，散起步來特別有氣氛。推薦早晨時段的散步。

A2 「萬平飯店」的蘋果派

輕井澤有許多販售美味甜點的店家，「萬平飯店Cafe Terrace」的傳統蘋果派就是我最喜歡的其中之一。裡面放了滿滿的信州產紅玉蘋果，恰到好處的酸度和酥脆的派皮是絕妙組合。

A3 高質感的早餐超人氣

在很多店家都可以吃到高質感的早餐。以巴西果莓碗最有名的「natural cafeina（→P41）」及美式早餐最有人氣的「CABOT COVE（→P40）」等，餐廳和菜色豐富多樣，讓人難以選擇。

A1 在露台上來一杯最幸福咖啡廳．酒吧「RK」

以木頭為基底，氣氛雅緻的咖啡廳．酒吧「RK」（☎0267-46-8335 MAP附錄正面⑤A1）。以新鮮蔬菜製作的義大利麵及漢堡是絕品。晚上可以在露台座位仰著星空，再配上葡萄酒和自製的煙燻料理，是最棒的享受。

A2 現做信州蕎麥麵最為推薦

位於追分宿的「蕎麦処ささくら（→P113）」是很多當地居民也喜歡的名店。充滿香氣的手打蕎麥麵與辣味醬汁是絕配。不僅是蕎麥麵，炸天婦羅及小菜等每一道料理都是精心製作，沒有地雷。

A3 優質露營場現在最夯！

在2015年重新開幕的「RISING FIELD KARUIZAWA（→P118）」，質感之高有很好的評價。時尚的固定帳棚中有銷售多達100種類的精釀啤酒的咖啡酒吧等，當天來回的行程也可以玩得很開心。

我最愛的輕井澤5選．其他輕井澤篇

輕井澤Salad Farm
依田美和子 小姐

ギャラリー日曜館
青野秀子 小姐

株式會社FLOWER FIELD
鈴木照明 先生

Check

從地圖瀏覽輕井澤
從哪裡玩起好？ 我的私房旅行

在計劃旅遊行程之前，首先要確認每個地區的特色。
因為輕井澤的範圍較廣，基本上地區之間的移動都要搭電車或開車。

自然風域 ──────────► P103

在大自然中散佈著
觀光景點和溫泉

なかかるいざわ
中輕井澤

此為中輕井澤站的北側地區。豐富的
大自然中有受歡迎的榆樹街小鎮及溫
泉、美術館等各式各樣的景點聚集。
榆樹街小鎮周邊之外可以開車移動較
方便。

SEZON現代美術館之外
還有眾多藝術景點

當紅商店及美食匯集的榆樹街小鎮

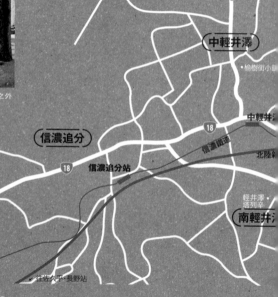

歷史區域 ──────────► P113

保留宿場樣貌的
復古城市

しなのおいわけ
信濃追分

中山驛道上的宿場城市，是北國街道的分岐地
的所在地區。有不少商店活用保有當時樣貌的
史跡或歷史建築物，散步其中頗具風情。

舊街道的兩側留有茶店及老旅館的建
築物

觀光溫泉 ──────────► P107

想親近藝術及文學
就來這裡

みなみかるいざわ
南輕井澤

輕井澤塔列辛及神秘女神之森
等，有不少融和自然風景的藝術
景點。也是有不少高人氣餐廳的
地區。農園及高爾夫球場也都集
中在此。

觀光景點以鹽澤湖為中心聚集的輕井澤
塔列辛

Check

---

mytrip+more!

きたかるいざわ
北輕井澤 ——————— P116

位於淺間山東北方的山麓、標高1200m
的高原。從輕井澤往北輕程約30分。有
散發清涼感的白絲瀑布、以及鬼押出し園
等風景名勝。可遠眺淺間山的自駕兜風也
不錯。

🛍 ——————— P96

新舊商店雲集
主要的觀光地區

きゅうかるいざわ
舊輕井澤

輕井澤最熱鬧的街道，以舊輕井
澤銀座通為中心，比鄰皆是伴手
禮店、餐廳、咖啡廳。也有很許
多老字號旅館及教會等觀光景
點。

輕井澤最熱鬧的舊輕
井澤銀座通

老字號萬平飯店的咖啡廳也
值得推薦

こもろ・とうみ
小諸・東御 ——————— P122

從輕井澤車程約35分。在江戶時代因北
國街道的小諸宿場而繁榮的城市。車站周
邊也留有小諸城址，可以步行來遍歷史景
點巡禮。從小諸車程約20分，即可到達
散佈著葡萄酒廠的東御。

うえだ・べっしょおんせん
上田・別所溫泉 ——————— P128

以真田家據點而聞名的上田城跡公園，以
及倉庫比鄰、充滿風情的柳町等，市內有
許多觀光景點。別所溫泉位於從上田搭乘
電車約30分距離之處，有信州最古老的
溫泉之稱。

白絲
高原道路

・舊三笠飯店

往安中榛名・高崎站

舊輕井澤

舊輕銀座

雲場池

輕井澤站周邊

輕井澤站

・輕井澤王子
購物廣場

← 往碓冰輕井澤IC

可以品嘗到信州天
然香菇的餐廳E、
Bu.Ri.Ko

🍴 ——————— P96

豐富的當地美食
輕井澤的門戶

かるいざわえきしゅうへん
輕井澤站周邊

輕井澤北側的輕井澤本通及雲場
池附近的十字路口、六本辻附近
有不少使用當地食材的餐廳。想
要有效率地走完這個地區，建議
可以租自行車。

寧靜的雲場池也被稱為天鵝湖。秋天的紅葉
風景也很美

吾妻線

群馬縣

上田

北輕井澤

輕井澤

別所溫泉

北陸新幹線

小諸

長野縣

小海線

從哪裡玩起好？ 我的私房旅行

023

須事先了解的基本二三事
我的旅行小指標

要住宿幾天？怎麼移動？伴手禮去哪買？以下整理出能指引旅行疑難雜症的
10個小指標，不妨在安排行程時列入參考喔。

準備出發前…

悠閒的兩天一夜行程
也可以搭首班新幹線當天來回

前往輕井澤的交通很便利，兩天一夜就能玩
得透徹。從東京出發的話，只要搭乘8點多
的新幹線，最長可以待上13個小時，所以
只要將想去的景點精簡一下，當天來回也可
以玩得很心。

推薦的時節是
新綠及玫瑰的季節

輕井澤的自然景色最美的時節，就是新綠的
黃金週過後以及6～7月的玫瑰花季。因為
在輕井澤有很多玫瑰庭園，到處都可以欣賞
到華麗的花朵。旺季為7月中旬到9月上
旬。

> **主要活動**
> * 4月下旬～6月中旬…輕井澤若葉祭
> * 6月中旬～7月上旬…英國玫瑰薔薇的祭典
>   （輕井澤塔列辛）
> * 7月下旬～8月底…Summer Candle Night
>   （輕井澤高原教會）
> * 10月上旬～11月上旬…輕井澤紅葉祭

行家就是早些起床
在 "外" 享用早餐

輕井澤有許多餐廳，從早餐時段就開始營業。
由火腿蛋加土司這類單純的早餐，到美式的班
乃迪克蛋和鬆餅、用釜烹煮的米飯為主角的日
式早餐等種類眾多一應俱全。住宿選擇不含早
餐的方案，到外面享用早餐才是真正的輕井澤
行家。

觀光的起點
新幹線的輕井澤站

從東京到輕井澤搭新幹線只需要短短的1小
時15分，輕井澤站有如玄關。想要走遍多
個地區的話開車較方便，但在黃金週或暑假
可能會有交通管制或塞車的狀況，所以還是
建議搭乘公共交通工具。

Listen

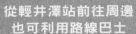

抵達輕井澤後…

5

輕井澤周邊～舊輕井澤
租自行車較方便

從輕井澤站到舊輕井澤步行需20分以上，道路也容易塞車，因此建議租自行車移動。可以一邊感受著輕井澤舒服的微風，一邊享受景色。車站附近有多間出租自行車的店家。

6

從輕井澤站前往周邊
也可利用路線巴士

從輕井澤站到白絲瀑布、中輕井澤站、南輕井澤等處，建議可以搭乘市區內的循迴巴士。但是在黃金週或暑假因為塞車而有大幅度誤點的狀況，要特別注意。

7

前往北輕井澤
推薦自駕兜風

北輕井澤地區的觀光景點和商店因為都很分散，比起搭乘路線巴士，開車比較實際。在7月中旬～9月上旬，輕井澤站到舊輕井澤、中輕井澤之間尤其容易塞車，建議盡量選擇避開主要幹道的路線。

8

住宿在高原度假村
也有價格合理的飯店

輕井澤的溫泉不多，所以旅館較少，住宿大多以度假飯店為主流。因為有很多被大自然圍繞、有如避暑勝地的飯店，可以選擇地點和服務等都不錯的高CP值住宿（→P136）。

9

榆樹街小鎮和
暢貨中心是必去景點

聚集了高質感雜貨、信州美食的人氣景點榆樹街小鎮，光是這裡就夠玩上半天。而輕井澤‧王子購物廣場除了一般的購物，也可以在此尋找伴手禮，是一定要去的景點。

10

從瓶裝商品到熟食店
高質感的伴手禮

因為是外國觀光客的避暑勝地，有種類豐富的時尚伴手禮供選擇。常見的果醬和蜂蜜、火腿、香腸、乳酪等，都適合搭配麵包食用。在講究的麵包店與麵包一起購買，讓隔天的早餐稍微豐盛一下。

詳細交通資訊請見 P138

我的旅行小指標

025

Route

不知道該怎麼玩時的好幫手
標準玩樂PLAN

第一次去輕井澤不知該怎麼遊逛的話，可以參考看看這個行程。
排列組合自己想去的景點和商店，盡情地客製化吧！

Plan

第1天

Start

輕井澤站
| 自行車5分

雲場池
| 自行車3分

2 CHEZ KUSAMA
| 自行車3分

3 Café Raffine
| 自行車12分

4 舊三笠飯店
| 自行車8分

5 舊輕井澤銀座通

第2天

6 Bleston Court
| 步行即到

7 輕井澤高原教會
| 步行7分

8 榆樹街小鎮
| 車程11分

9 輕井澤塔列辛
| 車程10分

10 輕井澤王子
購物廣場
| 步行即到

輕井澤站

Finish

輕井澤站周邊 ／ 舊輕井澤 ／ 中輕井澤 ／ 輕井澤南 ／ 輕井澤站周邊

第1天 ▶ **1** — 散步

Start

輕井澤站

輕井澤站周邊 ——— P58

くもばいけ
雲場池

首先前往可以感受自然的新綠&紅葉景點。有完善的遊步道可繞池一圈。因為周邊是閑靜的別墅區，可以享受避暑勝地的氣氛。

---

2 — 輕井澤法式午餐

輕井澤站周邊 ——— P51

しょくさま
CHEZ KUSAMA

在綠蔭環繞的獨棟餐廳中進行午餐。大量使用了輕井澤的高原蔬菜及信州產豬肉等當地食材，盡情享受輕井澤的法式午餐。

第2天 ▶ **6** — 早餐

中輕井澤 ——— P14

ほてるぶれすとんこーと
Hotel Bleston Court

早餐享用信州產蕎麥麵粉製作的法式薄餅、蘋果酒，以及當季蔬菜製作的生菜沙拉和小菜，小小地奢侈一下。邊吃早餐邊悠閒地欣賞窗外的景色。

---

7 — 參觀教會

中輕井澤 ——— P61

かるいざわこうげんきょうかい
輕井澤高原教會

參觀位於Hotel Bleston Court腹地內的教會。擁有近100年歷史的教會，享受被一片寂靜環繞的沉穩時刻。

Route

---

3 綠意的午茶時間	**4** 參觀西洋建築	**5** 購物

輕井澤站周邊 ————— P12

カフェラフィーネ
Café Raffine

在悄然位於別墅區內的咖啡廳度過午茶時間。很有輕井澤風格的整片蒼庭和從樹葉間撒落的陽光，好療癒心靈。

舊輕井澤 ————— P59

きゅうみかさほてる
舊三笠飯店

參觀曾經是政經界及名人聚集的老字號飯店。步行在木造純西洋式飯店建築當中，可以感受到當年以避暑勝地而繁華的時代。

舊輕井澤 —————

きゅうかるいざわぎんざどおり
舊輕井澤銀座通

前往輕井澤首屈一指熱鬧的街道，人稱舊輕銀座。邊吃著霜淇淋，邊在老字號的麵包店及果醬店購物。

標準玩樂PLAN

Finish

輕井澤站

---

8 信州蕎麥麵午餐	**9** 藝術鑑賞	**10** 伴手禮

中輕井澤 ————— P30

はるにれてらす
榆樹街小鎮

在有著高品味雜貨店和美食羅列的複合設施享用午餐。在せきれい橋 川上庵（→P32）可以品嘗到以自製蕎麥粉製作，充滿香氣的手打蕎麥麵。

南輕井澤 ————— P18

かるいざわたりあせん
輕井澤塔列辛

於鹽澤湖周邊散佈著別墅、美術館、文學資料館。也有英國玫瑰庭園，可以一邊散步一邊觀賞藝術品、文學、建築物。

輕井澤站周邊 ————— P88

かるいざわ・ぷりんすしょっぴんぐぷらざ
輕井澤・王子購物廣場

前往號稱國內店舖數最多的暢貨中心。除了自己購物外，因為也有充實的輕井澤伴手禮，如果漏買了可以在這裡補齊。

WELCO
KARUI

現在最想一探究竟的

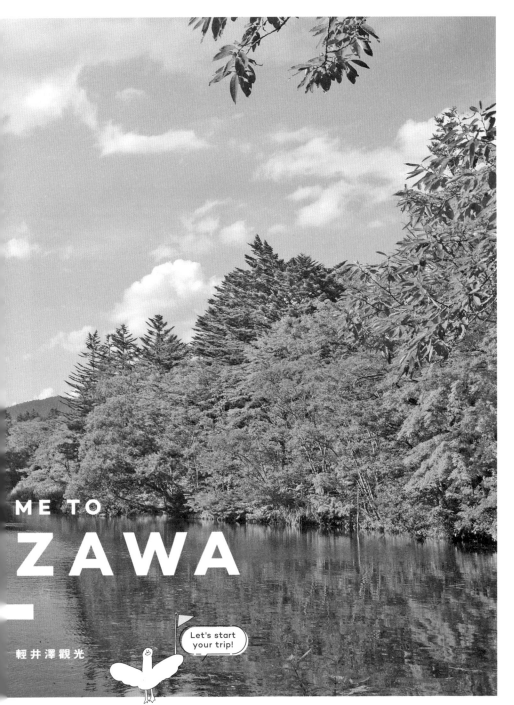

ME TO
ZAWA

軽井澤觀光

Let's start your trip!

在榆樹街小鎮渡過
感受悠閒 "輕井澤" 的1天

MAP 請見 P35

在輕井澤澄淨的空氣和涼爽的微風、療癒心靈的春榆樹林中
有著高品味的店舖…以下介紹這裡獨有的，輕井澤風的優雅度假方式。

COMMENTED BY 高尾繪里 EDITOR

中輕井澤

ハルニレテラス
榆樹街小鎮

沿著湯川的一片春榆樹林中，聚集了15間不但有設計感又有個性的商店、餐廳及咖啡廳等。也有可以遠望湯川的休憩景點，一邊感受穿越樹林的微風和灑落的陽光，一邊購物和散步。

☎0267-45-5853 MAP 附錄正面④B2
🏠輕井沢町星野 🚏星野温泉トンボの湯巴士站步行2分(JR輕井澤站南口搭乘免費接駁車15分) 🕐🈂依店家而異
🅿200輛(特定日需付費)

1 高雅的商店櫛比鱗次

Start

⏱ 10:00

走在綠意中，大大地深呼吸

首先悠閒地感受一下輕井澤的微風。放置了單人床尺寸木製長椅的午睡木甲板，以及面對河川劃分成1、2樓的咖啡廳露台等，在綠意中的休憩設施相當充實。陽光透過樹蔭間灑落在河邊的散步道上，有著滿滿的負離子。

---

1 在露台一邊看著流動的河水，一邊悠閒地放鬆　2 流過星野地區、水質清澈的湯川　3 試試看平躺在午睡木甲板上吧

⏱ 11:00

購買現採的蔬菜

かるいざわまるしぇ
輕井澤市集

市集上陳列著講究生產方式的當季蔬菜及水果、加工品。由縣內的生產者直接設攤，還會告訴客人食材的特徵和料理方法等。各個季節也會舉辦工作坊等活動。

（期間）
5～10月的第1、3週六日舉行（8月為每週六日）
☎0267-45-5853（楡樹街小鎮）　MAP 附錄正面④B2
🕘9:30～16:00

---

1 陳列了現採的蔬菜　2 於星野溫泉蜻蜓之湯前方廣場舉行的日期限定市集　3 春天時還有果醬製作體驗的活動（付費）

🕛12:00

信州蕎麥麵名店的悠閒午餐

せきれいばし かわかみあん
せきれい橋 川上庵

嚴選優質蕎麥，將當天需要的量以訂製的石臼自行磨粉，現磨、現打、現煮，提供風味豐富的蕎麥麵。也推薦料理長費心製作的豆腐料理，如純鹽滷豆腐788日圓等。

☎0267-31-0266
🕐11:00～22:00(有時會變動) 🉑無休 🈳約120

---

1 同時感受季節與美食的露台座位　2 總店在舊輕井澤的人氣蕎麥麵店　3 炸天麩羅竹籤蕎麥麵(上)2095日圓。附兩尾特大蝦子與季節蔬菜的炸天麩羅

🕐13:00

尋找迷人的雜貨

がらんどう
我蘭憧

手工製作的木製品專賣店。有從國內外收集而來的手工玩具及家飾雜貨、生活用品等豐富的商品，都讓人感受到木頭散發的溫暖。也可以在這裡訂製適合房間氣氛和尺寸的家具等。

1 楓樹及山毛櫸材質的餐具類486日圓～　2 表情可愛的小豬擺飾品1080日圓～　3 以木質統一的店內，有溫暖的氣氛

☎0267-31-0036
🕐10:00～18:00(有時會變動)
🉑無休(有臨時店休)

なちゅーる
NATUR

這間選物店的經營者是一對以瑞典為活動據點的設計師夫妻。除了北歐品牌的古董雜貨之外，還陳列了店長設計的餐具和文具。來這裡看看只有這裡才買得到的雜貨吧。

☎0267-31-0737
🕐10:00～18:00(會變動)
🉑無休(有臨時店休)

1 Rose På Mölndal原創記事本 3132日圓　2 Lisa Larson狗(古董) 17000日圓　3 Arabia Finland的杯子&茶托(古董) 7000日圓　4 店內很有品味地配置了北歐雜貨、家具等

⏰14:00

啜飲高品質咖啡稍作休息

まるやまこーひー
丸山珈琲

店長親自走訪世界各地的咖啡產地，從咖啡豆
的採購到烘培都很講究，而完成了這裡的精品
咖啡。併設的書店裡則陳列與旅遊、美食、藝
術相關的書籍。可以邊閱讀邊來個咖啡小憩。

☎0267-31-0553
⏰8:00～20:00(有時會變動) 休無休(有臨時店休) 席58

1 楢樹街小鎮特調咖啡669日圓是這裡的限定商品
2 總店位在南輕井澤的丸山珈琲的楢樹街小鎮店
3 由專業咖啡師用法式濾壓壺沖泡咖啡

⏰16:00

以溫泉＋自然療癒

ほしのおんせん とんぼのゆ
星野溫泉蜻蜓之湯

溫泉始於大正4年(1915年)。以北原白秋及與
謝野晶子等文人墨客所喜愛的美肌之湯聞名，
屬於源泉放流式浴池。在滿溢源源不絕的溫泉
浴池中，眺望傍晚時分的樹林景色也別有一番
味道。這裡還有秋天的蘋果溫泉、冬天的柚子
溫泉等季節溫泉。有提供毛巾的出租(付費)、
販售的服務。

☎0267-44-3580 MAP 附錄正面④B2
¥1300日圓(黃金週、8月為1500日圓) ⏰10:00～23:00
(最終進場22:00) 休無休

1 浴池與自然合為一體，充滿開放感的露天浴池
2 從室內浴池的大型窗戶也可以一望四季不同的美麗大自
然

Goal

18:00

以天然酵母麵包與小菜＆信州葡萄酒享受飯店之夜

離開飯店到外面的時尚餐廳用餐也不錯，但在輕井澤的話，可以先在有很多美食的榆樹街小鎮採買喜歡的美食和葡萄酒，在飯店房間裡不用介意時間地悠閒享用晚餐。不小心就越聊越起勁，也推薦像這樣渡過夜晚的方式。

迷你長棍麵包
葡萄雜糧小麵包
340日圓

混合五種麵粉製作、店家自豪的長棍麵包，使用全粒粉製作的迷你版葡萄雜糧麵包

油封信州土
雞腿肉
950日圓

將信州的香草雞以低溫慢慢燉煮。外皮香脆，肉質溼潤、柔軟

Rue de Vin
Sauvignon
Blanc 2013
750㎖ 5300日圓

長野縣東御市的葡萄酒廠釀造，口感較烈的白葡萄酒。帶有柑橘類的清爽香氣是其特色

各種小菜
50g 190日圓

約有30種小菜可供選擇。藍紋乳酪風味的馬鈴薯沙拉50g 290日圓等

彩色蔬菜
凍派
670日圓

活用了約10種當季蔬菜的口感及香氣的凍派。有綠色花椰菜、櫛瓜等。

れすとらん&でり・わいん せるくる
CERCLE wine & deli KARUIZAWA

以當地食材為主並使用嚴選的素材，提供簡單但味道很有深度的小菜。從前菜到主菜、甜點，都有豐富的選擇。也併設販售葡萄酒和當地加工品的商店。內用的午餐為1650日圓～。

☎0267-31-0361
🕐10:00～21:00（有季節性變動）

ベーかりー&れすとらんさわむら はるにれてらす
BAKERY & RESTAURANT SAWAMURA Harunire Terrace

區分使用四種天然酵母並費時慢慢地發酵，熟成出小麥的美味。除了混合了五種麵粉、外酥脆內溼潤的長棍麵包外，還有使用自製酵母的輕井澤鄉村麵包（1728日圓）等。

DATA→P73

INFORMATION

榆樹街小鎮 MAP& SHOP INDEX

森林中庭

從星野溫泉蜻蜓之湯前往遊步道時，最先到達的空間。為天然春榆樹包圍的廣場

輕井澤市集（→P31）會在蜻蜓之湯前面舉行。陳列很多新鮮的蔬菜等

← 往中輕井澤站

BAKERY & RESTAURANT SAWAMURA Harunire Terrace →P34・73

NATUR →P32

146

往北輕井澤 方向→

我蘭憧 →P32

往 星野溫泉 蜻蜓之湯 →P33

森林中庭

森林中的 遊步道

午睡木甲板

湯川

咖啡廳露台

CERCLE wine& deli KARUIZAWA →P34・105

丸山珈琲 →P33

せきれい橋 川上庵 →P32

咖啡廳露台

直接活用自然生長的春榆樹，將木甲板劃分設置成1、2樓。還放置了桌椅，欣賞大自然的同時也可以稍作小憩

森林中的遊步道

通往星野溫泉蜻蜓之湯的遊步道。在巴士站旁邊有涼亭，在途中也有可以品嘗使用當季食材的定食和單品料理的村民食堂

---

(1)

和泉屋 傳兵衛
☎0267-31-0811
🕐10:00～18:00（有季節性變動）
→P70

(2)

Gallery ju-KAN
☎0267-31-0023
🕐10:00～18:00（有季節性變動）
→P106

(3)

希須林
☎0267-31-0411
🕐11:00～21:00LO（有季節性變動）

(4)

il sogno
☎0267-31-0031
🕐11:00～21:00LO（有季節性變動）
→P104

(5)

NAGAI FARM
☎0267-31-0082
🕐10:00～18:00（有季節性變動）

(6)

Seringa
☎0267-46-5527
🕐10:00～18:00（有季節性變動）
→P106

(7)

常世tocoyo
☎0267-31-0987
🕐10:00～21:00（有季節性變動）

(8)

Bedfitter 輕井澤
☎0267-41-6057
🕐10:00～18:00（有季節性變動）

(9)

ココペリ
☎0267-46-4355
🕐10:00～18:00（有季節性變動）
→P77

在淺間山麓聚落忘卻日常
虹夕諾雅輕井澤的高級假日。

一踏進園內，肌膚就感受到高質感的空氣。
在這個所有「虹夕諾雅」的起點，連細部都充滿款待之心。

COMMENTED BY 髙橋勝美 WRITER

(中輕井澤)

ほしのやかるいざわ
虹夕諾雅輕井澤

完全與日常切隔的長住型旅館

活用山谷的地形，小屋沿著河川並排，像是個
小聚落般的溫泉住宿處。重視舒適感的館內，
在客房、設施等都備有讓房客可以享受長住時
光的服務。請來享受一下這個悠閒又奢侈的空
間。

☎050-3786-0066 MAP 附錄正面④B2
🏠輕井沢町星野 🚌星野溫泉トンボ
の湯巴士站歩行5分 🅿78輛

1泊不附餐…62000日圓～（※住宿
通常從2泊起算）
IN/OUT···15:00/12:00
客房…小屋77室
浴池…內池2、露天2

1 小屋面對著河流散
佈。共有77棟景色和
格局各有不同的小屋 2
全部的客房都附有陽
台，是可以感受大自然
的隔局 3 面山的「山
路地的部屋2階」。從
臥室也可以欣賞到景色
4 位於櫃台的「集いの
館」前方有響著水聲的
「梯田」

Just Relax ♪

餐廳的燈具
也很迷人♪

①

②

有如廣布於
山谷中的聚落

③

在SPA來個犒賞
自我的時刻♪

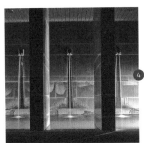
④

早餐可以在
陽台享用

1
日本料理「嘉助」的山之懷石14256日圓～。是帶給五官驚喜的獨創料理

2
圖書休息室中備有書籍、報紙、CD等。如果有喜歡的書也可以帶回房間慢慢閱讀

Karan Koron...

3
小屋的浴室為半露天式。新綠、紅葉、白雪等，每個季節都可以伴著不同景色享受溫泉浴

4
住宿者限定的冥想浴。也會舉行著泳衣進行的活動（付費）

GOURMET GUIDE

早晨的新鮮空氣讓人上癮
推薦在輕井澤才有的 "戶外" 早餐

感受高原的氛圍，同時悠閒地享用早餐是何等奢侈…
在輕井澤的別墅區有很多可以渡過如此美好時刻的店家。

COMMENTED BY 本間よしみ WRITER

(舊輕井澤)

べーかりー・あんどれすとらんさわむら きゅうかるいざわ

BAKERY & RESTAURANT
SAWAMURA KARUIZAWA

極 致 講 究
超 人 氣 麵 包 店 的 絕 品 早 餐 ！

這間麵包店使用嚴選的麵粉及自製酵母製作
麵包，相當受好評。在併設的餐廳內的早餐
採用了店家最自豪的麵包。口感鬆軟的法式
吐司，推薦在清爽微風吹拂的舒適露台座位
享用。當然也可以選擇喜歡的麵包在店裡食
用。

☎0267-41-3777
MAP 附錄正面③A4 ▲輕井沢町輕
井沢12-18 🚶旧輕井沢巴士站附近
🕐7:00～21:00（餐廳11:00～，
有季節性變動），早餐7:00～10:00
（僅旺季，需洽詢）休無休 席280
P15輛

SHOP DATA

1 降低甜度而深得人心的法式吐司 1512日圓　2 綠
意圍繞的露台座位　3 店裡陳列著講究的麵包，都經
過長時間熟成、發酵後烘培而成　4 吸引目光的現代
風格看板

HAVE A NICE TIME

①
一進到店內就瀰漫著麵包剛出爐的香氣♪

②
餐廳的上部為挑高設計,整個空間給人寬敞的印象

③
發現擺放繪本的書架!是帶小朋友同遊的家長最喜歡的角落

④
可以窺見在店內廚房製作麵包的模樣

GOURMET GUIDE

(信濃追分)

きゃぼっとこーヴ

CABOT COVE

店長夫婦因為想介紹適合輕井澤這個城市的外國式早餐，而開了這間專賣早餐的咖啡廳。現在大受矚目的雞蛋泡泡芙，這裡也因為最早提供這道料理而聞名。在這裡可以享用到細心調理的美國傳統式早餐。

☎0267-31-5078 ᴍᴀᴘ 附錄正面⑥A2
🏠輕井沢町追分78-26 🚶信濃鐵道信濃追分站車程10分 🕐6:30～12:30LO(11～3月為7:00～) 🈺週三、四(假日、黃金週、盂蘭盆節期間營業、其他有臨時休業) 🈺26 🅿8輛

1 鬆餅套餐1000日圓可任選2種口味 2 也有樹蔭下舒服的露台座位 3 雞蛋泡泡芙與杯湯750日圓、班尼迪克蛋附薯塊900日圓

(南輕井澤)

みくりや

御厨 MIKURIYA

活用百年歷史的古民宅建築的咖啡廳。白飯是將鴨稻共育栽培的稻米用爐灶炊煮，再裝入木曾檜木桶中端上桌。現煮的白飯配上使用自家農園蔬菜的手工燉物及蔬菜湯品，是營養豐富的日式定食。14時～為咖啡廳的營業時段。

☎0267-46-2234 ᴍᴀᴘ 附錄正面⑤B2
🏠輕井沢町長倉727 🚶JR輕井澤站車程10分 🕐7:00～16:00 🈺週二(11月～4月上旬為休業) 🈺11 🅿10輛

1 附信州味噌調味的山藥湯，御厨風とろろ汁御膳1050日圓 2 店面是改裝自明治時代的古民宅 3 充滿和風雅趣、悠靜的店內 4 白飯以湧泉水炊煮，副菜是從熬高湯開始製作的

南輕井澤

おしだてさぼう
押立茶房

從昭和54年(1979年)開店以來，每個早晨為來到輕井澤的客人提供早餐，是名人御用的咖啡廳。選用當地高評價的食材製作的火腿、麵包等簡單調味的早餐，以及沾了特製醬汁的豬排飯（1100日圓）等餐點，擁有很多別墅區住戶和高爾夫球球客粉絲。

☎0267-48-1160 MAP附錄正面①D4
🏠輕井沢町発地1 🚉JR輕井澤站車程10分
🕐8:00～18:00(8月為5:00～) 🚫週三(8月無休) 🪑50
🅿20輛

1 8月從早上5點開始營業　2 有木頭質感的室內座位、和可以一望押立山的露台座位　3 火腿蛋配厚片土司、輕井澤產萵苣生菜沙拉、飲料等的早餐800日圓

輕井澤站周邊

なちゅらる かふぇいーな
natural cafeina

可以享用巴西家庭料理的有機咖啡廳。巴西果莓碗使用了巴西原產的巴西果莓，營養滿分，是早晨的必點菜色。而熱門菜色有使用白肉魚的巴西北部家庭料理「巴西海鮮湯」，搭配生菜沙拉、飲料的午餐套餐也很有人氣。

☎0267-42-3562 MAP附錄正面②C3
🏠輕井沢町輕井沢東25 🚉JR輕井澤站步行8分
🕐8:00～19:00(有季節性變動) 🚫週三 🪑30
🅿8台

1 將濃郁的巴西果莓裝飾上季節水果就是人氣的巴西果莓碗1100日圓　2 明亮的店內被自然氣氛包圍　3 巴西海鮮湯午餐套餐1980日圓　4 點套餐時可以選擇瑪黛茶

GOURMET GUIDE

置身在避暑勝地的氛圍下
陽光從葉縫間灑落的露天咖啡廳

想要徹底享受輕井澤的新鮮空氣和帶了點高雅的氣氛，就是露天咖啡廳了。
只要坐在陽光灑落的露台或窗邊的位子，就會充滿「我在輕井澤」的真實感。

COMMENTED BY 高尾繪里 EDITOR

舊輕井澤

きゅうかるいざわかふぇすずのね
旧軽井沢cafe涼の音

悄然座落在森林之中
有如隱居家屋般的別墅咖啡廳

這間咖啡廳的建築過去曾被作家森瑤子等名人擁
有，為大正～昭和時期的別墅。建築物之外，施以
輕井澤雕刻的桌子等都是直接沿用當時的家具，頗
具風情。除了店內及露台座位，庭園裡也放了桌
椅，可以在樹木的環繞下享受午餐或下
午茶時光。

☎0267-31-6889 MAP 附錄正面③C2
🏠軽井沢町軽井沢972 🚶旧軽井沢巴士站步
行10分 🕘9:00～16:30LO 🛌週三(12～3月
休業) 📷40 🅿無

SHOP DATA

1 在別墅的庭園中感
受微風，稍作休息。
青苔及蕨類植物釀造
出很有輕井澤風格的
景色　2 溼潤的古典
巧克力蛋糕648日圓
與咖啡540日圓　3
對面為室生犀星的舊
居

HAVE A NICE TIME

1
沿著未經舖裝的林中道路「犀星之徑」就會看到建築物

2
把大正時期的水車當成桌子。有很多讓人感受到歷史的家具

3
在庭園裡為松鼠而放置葵花子。幸運的話說不定可以見到松鼠!?

4
從店裡往外看的景色也美得跟幅畫一樣。盡情地感受季節

GOURMET GUIDE
▷◁

ふりこきぼう
ふりこ茶房

小木屋風格的建築物，是被森林環繞的咖啡廳。將窗戶全部打開時，會有清爽涼風吹拂進來，就像是做森林浴一樣。而自製餅乾有3～4種類，都是降低了甜度的溫和口味，和深焙咖啡非常對味。

☎0267-48-0550 MAP附錄正面①D4
🏠輕井沢町発地848-2 🚩JR輕井澤站車程15分
🕙10:00～18:00(12～1月為11:00～17:00) 🈺週四(8月無休)🈵16 🅿10輛

1 樹木圍繞的露台座位　2 鬆餅850日圓　3 店內是充滿懷舊氣息的山間小屋風格　4 香草冰淇淋800日圓、藍莓果汁800日圓、離山房特調咖啡700日圓

りざんぼう
離山房

這間充滿木頭溫度的咖啡廳，受到與輕井澤淵源很深的名人們喜愛。也因為約翰藍濃一家於輕井澤避暑時曾經來過而聞名。使用大量輕井澤產藍莓製作的藍莓果汁，是創業以來不變的招牌菜色。

☎0267-46-0184 MAP附錄正面⑤B1
🏠輕井沢町長倉820-96 🚩JR輕井澤站車程10分
🕙9:00～17:00(秋、冬為10:00～) 🈺週三(12～3月作業)
其他有臨時休業)🈵36 🅿8輛

1 全部桌子都排在面向窗戶的位置　2 苦味明顯、口感強烈的深焙咖啡500日圓　3 濃郁的卡士達醬突顯西洋梨的酸味，西洋梨佐卡士達醬600日圓

（中輕井澤）

れい こ－ひ－ はうす
Ray coffee house

由喜愛咖啡的店長經營的咖啡廳。大多為吧台座位，即使是一個人也可以隨興到訪的沉靜氣氛是它的魅力。大片窗戶的外面是野鳥和松鼠會出現的庭園，可以一邊感受著大自然，一邊悠閒地渡過。

☎0267-31-5031 MAP附錄正面④A3
🏠輕井沢町長倉2141-431 ‼信濃鐵道中輕井澤站步行20分 ⏰11:00～18:00 🈳週四(12月底～2月冬季休業) 💺14 Ⓟ4輛 ※不接受5位以上的團體客人

1 窗邊吧台座位可以眺望以借景方式完成具遠近感的庭園 2 充滿現磨咖啡豐郁香氣的單品咖啡600日圓 3 使用信州產蘋果的蘋果派500日圓

1 面對雲場通並木林的露天座位 2 俄羅斯果醬紅茶600日圓～。最有人氣的是醋栗果醬 3 即使在店內也隨時可以感受到綠意 4 奶油乳酪德國蛋糕250日圓

（輕井澤站周邊）

かふぇ えとらす みはえる
café et thé Michael

誕生於昭和51年（1976），為輕井澤最早開幕的露天咖啡廳。位於森林當中，特色是紅色牆壁的小木屋，招牌菜色是首代俄羅斯人店長所想出來的俄羅斯果醬茶。加入紅茶的自製果醬有6種可供選擇。

☎0267-42-6750 MAP附錄正面②B2·3
🏠輕井沢町輕井沢1323-269 ‼JR輕井澤站步行13分 ⏰10:00～18:00(8月為9:00～19:00) 🈳4～7月中旬與10、11月的平日(12～3月休業) 💺56 Ⓟ3輛

GOURMET GUIDE

旅行的中場休息
以正統咖啡為伴稍作休息

聞到咖啡濃厚香氣時，總莫名讓人有種幸福之感。
在輕井澤有咖啡廳提供如此感受的正統咖啡。

COMMENTED BY 本間よしみ WRITER

（ 南輕井澤 ）

まるやまこーひー かるいざわほんてん
丸山珈琲 輕井澤本店

以獨門技術焙煎
充滿香氣的高品質咖啡

由店長親自到世界各個咖啡豆產地，確認品
質後直接採購回來。咖啡約有30種，以法
式濾壓壺沖煮出具有香氣的油分，可以感受
到豆子原有的風味。在榆樹街小鎮也有分店
（→P33）

☎0267-42-7655 MAP附錄正面②
A4 🏠輕井沢町輕井沢1154-10
🚶JR輕井澤站車程5分 🕙10:00～
18:00 🈺週二(逢假日則營業，8月
無休) 🈳26 🅿11輛

SHOP DATA

1 輕井澤本店限定的丸山珈琲古典特調咖
啡1991為669日圓　2 店內是由歐風民宿
的餐廳改裝　3 榛果巧克力蛋糕 420日圓
4 也有販售丸山珈琲古典特調咖啡1991
的咖啡豆，100g 864日圓　5 丸山珈琲
的特調咖啡豆100g 730日圓

1 使用於神戶焙煎的當季咖啡豆沖煮的今日珈琲995日圓　2 咖啡都是在點餐之後才一杯杯細心手工沖煮

（舊輕井澤）

あかねやこーひーてん きゅうどうてん

茜屋珈琲店 舊道店

咖啡豆以炭火慢慢地焙煎，濾煮出來的咖啡酸味少且具有深度的風味。另外，店長會從400組咖啡杯盤中選擇適合客人的咖啡杯盤，這種專屬於自己的特別感很有魅力。

☎0267-42-4367　MAP 附錄正面③C2
🏠輕井沢町輕井沢666　🚻舊輕井澤巴士站步行9分
🕐9:00～18:00（夏季～20:00）🈺無休 🈳44
🅿無

（輕井澤站周邊）

ざ しゅがー すぽっと こーひー

The Sugar Spot Coffee

以自家焙煎的咖啡豆調和出來的特調咖啡，焙煎程度及濾煮方式都能依自己的喜好作選擇。其他飲料的選擇也很多樣，早午餐1200日圓～也很有人氣。

☎0267-41-0044　MAP 附錄正面②A3
🏠輕井沢町輕井沢1323-1465　🚻JR輕井澤站車程5分　🕐8:30～17:00 🈺週三、第1週四（11～4月為週四）、3月下旬～4月上旬 🈳56 🅿15輛

1 可自己動手製作奶泡拉花的卡布奇諾600日圓　2 在店內有兒童的遊戲空間，外面也有吊床椅

1 從黃金週到10月左右可以使用的露台座位　2 費時慢慢製作的冰滴咖啡650日圓

（輕井澤站周邊）

たんねんてい

且念亭

提供以輕井澤的可口水質，花費10個小時製作的冰滴咖啡。細心萃取出無雜味且充滿芳香的咖啡，比熱水沖煮的咖啡有更持久的香氣。

☎0267-42-5616　MAP 附錄正面②C3
🏠輕井沢町輕井沢東4-2　🚻JR輕井澤站即到
🕐9:00～19:00（黃金週、7～9月為8:00～）🈺無休
🈳90 🅿11輛

GOURMET GUIDE

鬆鬆軟軟入口即化、魅惑的滋味
"輕井澤吐司" 現在正夯

在輕井澤的咖非聽、餐廳，飯店長期深受喜愛的法國吐司。
最近主打「輕井澤吐司」的店舖增加中。不論是當早餐或點心都很合適。

COMMENTED BY 髙橋勝美 WRITER

(南輕井澤)

かふぇ・る・ぷてぃに とろわ
Café Le Petit Nid 3

配置著古董家具、沉靜風格的咖啡廳。從一
早就可以享用到店家自行焙煎的咖啡及鬆軟
的鬆餅（附飲料）850日圓～等，因此頗有
人氣。尤其是評價很高的法式吐司900日
圓，是從前一天就浸泡在特製汁液中，煎得
外酥內軟的極品。

☎0267-48-3334 MAP 附錄正面①D3
🏠輕井沢町発地1398-457 ❗JR輕井澤站車程5分
🕐8:00～15:00 休週四、五 席23 P8輛

1 從前一天就開始備料的法式吐司，必須在一天前就先
預訂(無法訂位)　2 有如位在義大利鄉村的可愛獨棟咖
啡廳　3 活用了木頭質感的店內。也有露台的座位。

(舊輕井澤)

らもんたにょん
La Montagnon

由擁有法國肉品加工店經歷的主廚經營的法
式餐廳。因為可以隨興地品嘗到正統法式料
理而很受歡迎，其中最受好評的是甜點pain
perdu 800日圓。而焦糖狀的法國吐司有著
表面焦香、內部入口即化的絕妙滋味。

☎0267-41-6401 MAP 附錄正面③C2
🏠輕井沢町輕井沢668輕井沢ショッピングアレイ2F
❗旧輕井沢巴士站步行8分 🕐10:00～20:00LO
休無休(12月底～3月底為冬季休業) 席10 P無

1 pain perdu是法文的法式吐司。會佐上牛奶冰沙　2
自製加工肉品拼盤1600日圓，有培根等　3 從店內可
以俯瞰舊銀座

（中輕井澤）

こーひー はうす しぇーかー

Coffee House Shaker

忠實重現初期美國的夏克風格，既簡單又洗練的裝潢給人深刻印象。這裡提供使用當地食材的甜點及餐點，口感鬆軟的法式吐司雖然是隱藏菜單，卻是默默地很有人氣的一道菜色。

☎0267-45-8573 MAP附錄正面④A4
🏠軽井沢町長倉3460-16 🚉信濃鐵道中輕井澤站步行7分 ⏰10:00～18:00 休週三(8月無休) 席16
🅿4輛

1 由店長自行設計的建築內處處講究 2 讓人感覺很舒服的店內 3 以季節水果點綴的法式吐司3層750日圓(飲料另計) 4 也有販售很有品味的雜貨

（輕井澤站周邊）

すとーぶかふぇ おきざりす

ストーブカフェ オキザリス

就如同店名，是間放置了暖爐的家居風格咖啡廳。菜色有將馬鈴薯烤到焦香的瑞士鄉土料理馬鈴薯煎餅1000日圓～，以及有手製的溫度、散發著淡淡萊姆酒香氣，口味成熟的橙汁吐司850日圓。

☎0267-42-4442 MAP附錄正面②A3
🏠軽井沢町軽井沢1287-9 🚉JR輕井澤站車程5分 ⏰7:00～17:00(冬季為8:00～) 休週四 席28
🅿4輛

1 附飲料的輕井澤橙汁吐司套餐950日圓 2 活用了木頭質感的小木屋式建築 3 露台座位也可以攜帶寵物 4 出現在店名裡的柴火暖爐

正因為是美食城市輕井澤
就要在高級餐廳品嘗當季的美味

受名人喜愛的輕井澤，有著不輸給東京的高等級餐廳。
細緻地帶出季節蔬菜等當地食材的魅力，每道料理都是藝術。

COMMENTED BY 高尾繪里 EDITOR

（ 南輕井澤 ）

むさいあん いけだ
無彩庵 池田

巧妙地使用日本食材
充滿創意的新型法式料理

由在輕井澤法式餐廳名店長年擔任料理長的實力派
主廚大展身手。以當地契作農民直送的無農藥蔬菜
為主，發揮食材原有風味的午餐全餐3300日圓～。
用正統的法式料理手法結合了酒粕、味噌等日本食
材，充滿原創感的料理大受好評。

1～3 午餐全餐5500
日圓的其中一例。含
開胃菜、前菜2道、
主餐、甜點、餐後飲
品。價格皆未含服務
費 1 主菜是炙烤夏
隆鴨胸 2 全餐內前
菜的其中一例 3 白
巧克力白味噌的甜點
杯

☎0267-44-3930 MAP 附錄正面⑤B1
🏠輕井沢駅長倉1891-50 🚶JR輕井澤站車程
10分 🕐11:00～13:00LO、17:00～20:00
LO（會變動） 🚫週二（逢假日則翌日休） 🪑18
🅿5輛

SHOP DATA

輕井澤站周邊

しぇ くさま
CHEZ KUSAMA

以自產自銷為主旨，大量使用輕井澤的無農藥高原蔬菜、中野產豬肉等本地食材，製作出香味極佳的法式料理。可選擇前菜和主菜的午餐套餐4500日圓～之外，還有單盤午餐3050日圓（服務費皆另計）。讓人無負擔的氣氛和價格也很有魅力。

☎0267-46-9123 MAP 附錄正面②A3
🏠輕井沢町輕井沢1265-15 🚃JR輕井澤站車程5分 🕐11:30～14:00LO、17:30～20:30LO 🈺週三不定休、週四（逢假日則營業，會變動）、冬季休業 🪑40 🅿12輛

1 午餐全餐的甜點，照片為奶油焦糖　2 面對庭院的主餐廳　3 主菜的炙烤信州中野豬肉，佐上安曇野產的山葵與核仁醬　4 店的前方佇立著山櫻樹

信濃追分

どめいぬ・どぅ・みくに
Domaine de Mikuni

移建自建築師坂倉準三建造的宅邸，是間很閑靜的餐廳。主廚曾在三國清三的門下學習，採用輕井澤高原蔬菜，並講究香氣、口感、色彩。午餐全餐7200日圓，主菜可以同時品嘗到肉類與魚肉。

☎0267-46-3924 MAP 附錄正面①A3
🏠輕井沢町追分小田井道下46-13 🚃信濃鐵道信濃追分站車程8分 🕐11:30～13:30(最後入店)、17:30～20:30(最後入店) 🈺不定休(1月中旬～2月中旬為冬季休業) 🪑24 🅿10輛

1 午餐全餐的其中一例4950日圓。炙烤布列塔尼半島產幼鴨胸，搭配上燉輕井澤蔬菜　2 頗具風情的建築物也不能錯過　3 御牧原產白土芋的薯泥濃湯　4 佐久栗子製作的蒙布朗

GOURMET GUIDE

感受單純的食材風味
充滿信州食材的和食餐點

西洋料理雖然也不錯，但偶爾也想藉由熟悉的味道放鬆身心。
這個時候就推薦使用當地食材、滋味豐郁的和食料理。

COMMENTED BY 高尾繪里 WRITER

(舊輕井澤)

れすとらんすじゅうまさゆき
RESTARANT酢重正之

由味噌和醬油的專賣店──酢重正之商店監製的餐廳。將北信州產大豆種類之一的「一人娘」及青大豆、野澤菜等信州產食材，以自製的調味料加以調理。用自創的銅鍋炊煮白飯，加上信州味噌的味噌湯、小碟子上的配菜等，充份享受純正的和食。

☎0267-41-2007 MAP 附錄正面③A4
🏠輕井澤町輕井澤6-1 💁旧輕井澤巴士站即到 🕐11:00～21:00LO（有季節性變動）休無休 席62 P16輛（17時～可利用）

1 中午的主廚套餐2750日圓，有生魚片及季節炸物等
2 店內採用大量木頭裝潢，摩登感十足
3 主廚套餐的燉物，使用自家栽種的蔬菜

1 使用豆子、葉類蔬菜製作的清爽生菜沙拉1210日圓
2 午餐限定的酢重信州五彩套餐2520日圓 3 座落在舊輕井澤圓環
4 播放著爵士樂的雅緻空間

(南輕井澤)

かるいざわ いおり おおしま
輕井沢 庵 大嶋

在這裡可以輕鬆品嘗到的正統懷石料理，由學習茶懷石的店長製作，頗受好評。午、晚餐皆只有主廚套餐，大量使用自家栽種的無農藥蔬菜，是有益健康的料理。晚餐為5000日圓～。因為只有4張桌子，建議儘早預約。

☎080-4345-2009 MAP 附錄正面①D3
🏠輕井沢町長倉646-1 💁JR輕井澤車程8分 🕐12:00～13:30LO、18:00～20:00LO（午晚皆需預約）休不定休
席25 P10輛

○—五

（中輕井澤）

かるいざわこうげんとうふ しょうすいあん
軽井沢高原とうふ 松水庵

講究的自製豆腐只使用長野縣產大豆與輕井澤的清水、鹽滷製作，在午、晚餐的全餐料理中都可以品嘗到。豆腐也有販售外帶包裝，也推薦買來當成伴手禮。有碎豆腐400日圓～等。咖啡廳時段也有提供豆腐甜點702日圓～等。

☎0267-46-9215 MAP附錄正面④C4
🏠軽井沢町長倉2450-2 ♥️信濃鐵道中輕井澤站車程3分
🕐11:00～14:00、咖啡廳14:00～16:00、17:00～20:00LO(夏季～20:30) 🈺週二 🈺40 🅿️10輛

1 在午餐時段可以品嘗到的GITARO鬥雞親子丼1296日圓　2 是位於國道18號上的餐廳　3 到了晚餐時段吧台上會陳列著各種配菜

1 午餐全餐・櫻草3240日圓。加了豆漿的手打豆漿蕎麥麵等
2 手工嫩豆皮1230日圓
3 備有桌椅座位及包廂　4 油豆腐田樂三種 864日圓

（輕井澤站周邊）

おごっそ
Ogosso

「GITARO鬥雞」是位在長野縣中央部的辰野町的特產，這裡以使用「GITARO鬥雞」的雞肉料理而出名。放養的鬥雞其特色為肉質結實且美味濃縮其中。晚上則推薦店家自豪的鬥雞壽喜燒 2人份4860日圓。

☎0267-42-6339 MAP附錄正面④D4
🏠軽井沢町長倉1991-1 ♥️JR輕井澤站車程8分 🕐11:30～14:00LO、17:00～21:00LO 🈺週三、第2週四、有冬季休業 🈺46 🅿️15輛

GOURMET GUIDE

美味的不只有蕎麥麵。
品嚐信州產蕎麥的 "特產蕎麥粉法式薄餅"

想在輕井澤品嚐信州蕎麥的話也一定不能錯過西式菜色。
使用信州產蕎麥粉、充滿香氣的法式薄餅，讓人彷彿置身於布列塔尼半島。

COMMENTED BY 小野川由基知 EDITOR

(信濃追分)

かふぇ ぐるまん

Café Gourmand

學習自法國
口感紮實的法式薄餅

位在御影用水溫水路（**MAP** 附錄正面①A3）
畔的獨棟咖啡廳。圓頂式的建築物是店長花
了三年親自建造，有著溫暖的氣氛。曾在法
國深造的主廚使用當地食材製作的法式薄
餅、以及季節甜點可麗餅850日圓，可以在
露台或店內享。蘋果酒的種類也很
豐富。

☎0267-31-6554
MAP 附錄正面①A3 ▲ 御代田町御
代田4108-1902 ‼信濃鐵道信濃
追分站車程10分 ⏰11:00～18:00
（會變動）休週五、有其他不定休
席37 ▶12輛

SHOP DATA

1 蕎麥粉鹹法式薄餅800日圓與蘋果酒1000日圓～。蘋果
酒為法國產 2 天氣晴朗時可以從露台一望淺間山 3 甜
口味的香蕉可麗餅850日圓 4 外型很可愛的建築物。爬
上二樓才能進到店內

1 培根蛋・乳酪法式薄餅1050日圓與法國產蘋果酒250
ml，690日圓　2 店內氣氛既簡單又富有品味　3 被花園
環繞的咖啡廳　4 焦糖醬&香草冰淇淋・杏仁610日圓

(南輕井澤)

かしぇっと
Cachette

信州蕎麥的香氣
與大量蔬菜一起品嘗

人氣的法式薄餅是100%使用產自淺間山麓
的蕎麥粉。特色為透過長時間熟成來帶出麵
團的香氣，再搭配新鮮的當地蔬菜、火腿等
一起享用，是絕妙的滋味。甜點可
麗餅也使用蕎麥粉。

☎0267-31-0622
MAP 附錄正面⑤B2　▲輕井沢町塩
沢345-1　♥JR輕井澤站車程11分
●11:00～18:00(10～3月為11:
30～18:00)　休週二　席23　●5輛

SHOP DATA

ガレット & クレープ
カシェット
Cachette

穿梭在清爽的綠意中
在舊輕井澤快樂地自行車散步

想要悠閒地享受高原的空氣和景色的話，騎自行車是最適合的。
不用怕塞車，感受涼爽微風釋放壓力。找台時尚的腳踏車作伴吧♪

COMMENTED BY **本間よしみ** WRITER

邊享受微風的吹拂邊騎自行車。照片為落葉松林一路綿延的三笠通（→P97）

JR輕井澤站

在這裡
租自行車

かるいざわ らいどたうん

KARUIZAWA RideTown

這裡備有加拿大運動用品廠牌「LOUIS GARNEAU」
等造型時尚的自行車。也提供免費寄放行李的服
務。自行車地圖為免費。

☎090-7207-6681 ＭＡＰ附錄正面
②B3 🏠輕井沢町輕井沢東246
🚶JR輕井澤站步行7分 🕘9:00～
18:00（週六日、假日、黃金週、夏
季連假為8:00～19:00）💴2小時
950日圓～ 🛌不定休 🅿3輛

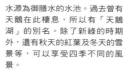

くもばいけ

雲場池

水源為御膳水的水池。過去曾有
天鵝在此棲息，所以有「天鵝
湖」的別名。除了新綠的時期
外，還有秋天的紅葉及冬天的雪
景等，可以享受四季不同的風
景。

1 環湖一圈1km長的遊步道，可
悠閒地散步　2 被楓樹等林木圍
繞的美麗水池

☎0267-42-5538（輕井澤觀光
會館）ＭＡＰ附錄正面②B2
🏠輕井沢町輕井沢 🚶JR輕井澤
站車程7分 🕘🛌💴自由參觀
🅿30輛

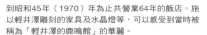

ごぜんすい

御膳水

在Hotel Kajima no Mori（→P134）的腹地內湧出的天然泉。同時也是雲場池的源流，以名水著稱。過去曾用於大臣、宮家的膳食中，因此稱為「御膳水」。

1 清澈湧泉曾經被用於明治天皇的膳食中　2 飯店佇立在廣大的鹿島森林中

☎0267-42-3535（Hotel Kajima no Mori）
MAP附錄正面②B1 ●輕井沢町輕井沢ホテル鹿島ノ森內 ♥JR輕井澤站車程8分 ●●●自由參觀 ●50輛（利用Hotel Kajima no Mori停車場）

きゅうみかさほてる

舊三笠飯店

到昭和45年（1970）年為止共營業64年的飯店。施以輕井澤雕刻的家具及水晶燈等，可以感受到當時被稱為「輕井澤的鹿鳴館」的華麗。

1 過去以社交場所而熱鬧非凡的大廳　2 由日本人建造的純西洋式木造飯店

☎0267-42-7072 MAP附錄正面①D1
●輕井沢町輕井沢1339-342 ♥JR輕井澤站車程10分
●入館400日圓 ●9:00～17:00（入館為～16:30）●無休
●30輛

しぶれっと

シブレット

由天然冰製造商經營的店家。以冰凍的淺間山麓湧泉製作的天然冰刨冰660日圓～，口感輕盈又細緻。共有27種糖漿可供選擇，再加100日圓還可加上配料。

1 店內灑落著舒服的陽光　2 盛得跟山一樣高的刨冰。照片為芒果及草莓口味

☎0267-42-2222
MAP附錄正面③C2 ●輕井沢町輕井沢668 ♥旧輕井沢巴士站步行8分 ●10:00～17:30 ●不定休（夏季無休，11月中旬～4月中旬休業）●42 ●無

きの

Kino

這間雜貨店販賣的商品，皆由身兼設計師的店長親自挑選。店裡有眾多富有個性的古董雜貨，高品味的擺設也值得注目。

1 店裡陳列著歐洲及中東的古董雜貨　2 可當室內擺設的盤子1440日圓、琺瑯水壺（中）1330日圓

☎0267-41-5046 MAP附錄正面②C2
●輕井沢町輕井沢480-7 ♥旧輕井沢巴士站步行5分
●10:00～18:00（有季節性變動）●週四（11、12月為週三、四，有冬季休業）●無

Goal

JR輕井澤站

Start
JR輕井澤站
└步行7分
KARUIZAWA RideTown
│自行車7分
雲場池②
│自行車4分
御膳水③
│自行車4分
舊三笠飯店④
│自行車10分
シブレット⑤
│自行車9分
Kino⑥
│自行車3分
Goal
JR輕井澤站
自行車7分＋步行7分

④舊三笠飯店
愛宕山
●野鳥之森
舊輕井澤高爾夫球場
御膳水③
⑤シブレット
(133)
離山▲ 離山公園
⑥Kino
雲場池②
東雲
KARUIZAWA Ride Town
信濃鐵道
離山 駅入口
Start&Goal
①
18
②①
輕井澤站
北陸新幹線
碓冰峠
N 500M

置身在靜謐的空間內
探訪佇立於森林中的教會

在散步途中不經意發現被綠意圍繞的教會…。這樣的風景只有在輕井澤才看得到。
遠離大馬路的喧囂，一踏進這個靜謐的空間裡，心靈也莫名地沉靜下來。

COMMENTED BY 小野川由基知 EDITOR

（舊輕井澤）

かるいざわしょーきねんれいはいどう
輕井澤蕭紀念禮拜堂

傳教士的意念延續至今
輕井澤最古老的教會

將輕井澤的避暑勝地魅力發揚光大的加拿大傳教士A‧C‧蕭，建立此教會為宣揚基督教的據點。由建造舊三笠飯店的日本木匠師父打造，經過後來的增建，現在教會整體從上方看來是個十字架的形狀。

☎0267-42-4740 MAP附錄正面③D1 🏠輕井沢町輕井沢57-1 🚌旧輕井沢巴士站步行10分 ¥免費參觀 ⏰9:00～17:00(禮拜、婚禮時不可參觀) ❌不定休 Ｐ無

SHOP DATA

1 建於明治28年(1895)，是輕井澤的第一間教會　2 寬敞的內部可以容納80人列席　3 從大正時代以來一直使用著的美國製風琴　4 有「輕井澤之父」之稱的A‧C‧蕭的銅像

1 每星期日13時30分開始舉行的福音禮拜，任何人都可以參加　2 與美麗的大自然相互融和的木造教會

（中輕井澤）

かるいざわこうげんきょうかい
輕井澤高原教會

這間歷史悠久的教會起源自大正10年（1921），是北原白秋、島崎藤村等文化人士齊聚的「藝術自由教育講習會」的舉行場所。大大的三角形屋頂為其特徵，木造的教會內部散發著莊嚴的氣氛。

☎0267-45-3333　[MAP] 附錄正面④B3
🏠輕井沢町星野　🚌JR輕井澤站免費接駁車車程15分　Ⓥ參觀免費　🕘9:00～18:00（婚禮時不可參觀）　休無休　Ⓟ200輛

（舊輕井澤）

かるいざわせいぱうろかとりっくきょうかい
輕井澤聖保羅天主教堂

昭和10年（1935）由英國人祭司瓦德神父所設立，是輕井澤唯一的天主教教會。因為曾於堀辰雄的小說《木の十字架》中登場而著名。建築物由安東尼雷蒙（Antonin Raymond）設計，正面為捷克風的造型。

☎0267-42-2429　[MAP] 附錄正面③B2
🏠輕井沢町輕井沢179　🚌旧輕井沢巴士站步行6分　Ⓥ參觀免費　🕘7:00～18:00（禮拜、婚禮時不可參觀）　休無休　Ⓟ無

1 從正面看斜角很大的三角形屋頂、圓形的粗柱子、裸露的混凝土牆，都給人深刻的印象　2 充滿愛的聖方濟各石像。

1 現在仍會舉行演奏會或戲劇會　2 約可容納300人的大廳，在當時是輕井澤最大的建築物

（舊輕井澤）

かるいざわゆにおん・ちゃーち
KARUIZAWA UNION CHURCH

在明治39年（1906）由丹尼爾‧諾曼（Daniel Norman）傳教士所設立的天主教各派共同教會。是外國人及日本傳教士的據點，不只舉辦禮拜及集會，也會為避暑客人舉辦音樂會及戲劇會等。

☎無　[MAP] 附錄正面③C3
🏠輕井沢町輕井沢862　🚌旧輕井沢巴士站步行5分　Ⓥ參觀免費　🕘9:00～17:00（禮拜、婚禮時不可參觀）　休不定休　Ⓟ30輛（1天500日圓～）

優雅又古典
在萬平飯店度過女孩般的時光

在明治、大正時期不只是日本人，輕井澤作為避暑勝地也受到世界各國名人深愛。
在見證悠久歷史的萬平飯店裡，也可以回顧到當時的景象。

COMMENTED BY 高尾繪里 EDITOR

（舊輕井澤）

まんぺいほてる
萬平飯店

留存輕井澤黃金時期
風貌的傳統空間

創業於明治27年（1894）的老字號飯店。
由佐藤萬平（第一代萬平）以歐美風格的
「龜屋飯店」之名開幕後，成為日本西洋式
飯店的先鋒，接待了世界各地重要的人物與
文化人士。約翰・藍儂在過世的前一年也曾
在這裡度過夏天等，有不少為人津津樂道的
故事。本館阿爾卑斯館內有大廳、咖啡廳、
酒吧等，非住宿客也可以使用。

參觀時間約
60分

☎0267-42-1234 MAP 附錄正面②D1
🏠輕井澤町輕井澤925 🚃JR輕井澤站車
程5分 💴住宿為1泊2食29100日圓～ 🕐
露台咖啡廳為9：30～18：00（夏季為
9：00～）、住宿為IN15：00／OUT11：00
🈺1月中旬～2月中旬 🅿98（露台咖啡廳）
Ⓟ90輛

本館阿爾卑斯館

在昭和11年（1936）年完成的
萬平飯店中現存最古老的建築
物。當時因為絹布產業盛行，所
以外觀仿造養蠶農家的造型。堀
辰雄也曾經在此住宿，此建築物
也是電影『風起（風立ちぬ）』
的舞台。

在大廳裡配置了施有輕井澤雕刻的家
具，以及復刻版的大正時期的沙發

HOW ELEGANT! "MANPEI HOTEL"

 露台咖啡廳

據說是約翰·藍儂也曾頻繁來訪的咖啡廳。復古的地板瓷磚等，帶出老店才有的情趣。讓人想在這個吹拂著舒爽微風的空間中悠閒地度過。

 露台咖啡廳的傳統菜色

從最前面開始是傳統的蘋果派、飯店推薦的皇家奶茶820日圓、高原的藍莓塔720日圓（皆未含消費稅·服務費）。皇家奶茶是在約翰·藍儂的要求下才誕生的人氣菜色。

Main Dining

本館阿爾卑斯館中的Main Dining。格形天花板及描繪了輕井澤風景的花窗玻璃、畫上了飯店鈴蘭圖騰的餐具等，到處都讓人感受到老字號的風韻。

SOUVENIR

將老店的美味製成伴手禮

在本館阿爾卑斯館的禮品店裡
可以買到飯店精心製作的點心等原創伴手禮

蘋果派
1998日圓

使用了信州產紅玉蘋果，是露台咖啡廳的人氣甜點。依照飯店內代代相傳的食譜製作

果醬組（1盒2罐入）
2106日圓

也在Main Dining的早餐端上桌的原創果醬。有葡萄、蘋果、黑加侖等11個種類

露台咖啡廳特調咖啡豆
150g 1296日圓

可以把在露台咖啡廳享用的咖啡帶回家。特徵是恰到好處的苦味，和甜點相當對味

高格調的藝術時光
綠意盎然的高原美術館

在高原樹木的圍繞下，一片寧靜的藝術景點。
在大自然中悠閒地觀賞作品，不可思議的就直率地被藝術感動了心靈。

COMMENTED BY 高橋勝美 WRITER

整體庭院是由雕刻家‧若林奮設計。在樹林之間點狀散佈著多位藝術家的作品，且與大自然合為一體。庭園繞一圈約15分

（中輕井澤）

せぞんげんだいびじゅつかん
SEZON現代美術館

**輕井澤鬱鬱蔥蔥的森林
與摩登藝術的融合**

昭和37年（1962）創設於東京高輪的高輪美術館，在昭和56年（1981）轉移至此地。有系列地收集、展示了國內外現代美術創作家的作品。安迪‧沃荷（Andy Warhol）、胡安‧米羅（Joan Miro）、荒川修作、橫尾忠則等，從世界著名的藝術家到日本的年輕創作家，可以欣賞到範圍廣泛的作品。

參觀時間
約60分

☎0267-46-2020
MAP附錄正面④A1
🏠輕井沢町長倉芹ヶ沢2140 🚉信濃鐵道中輕井澤站車程8分 ¥入館1000日圓 ⏰10:00～18:00(11月～17:00)
🈳週四(逢假日則開館，8月無休，展示品替換時休館，冬季休館) Ⓟ20輛

植栽、幼樹、遊步道等，連細部都充滿心機，通往美術館建築物的引道也很美

MODERN ART in the FOREST

1
在庭園中展示了野口勇、吾妻兼治郎等人的10件雕刻作品。一邊感受著陽光一邊漫步吧

2
入口旁邊的休憩空間。看起來很像垃圾簡的擺飾品很可愛。因為有露台空間，在欣賞作品的空檔也可以稍作休息

3
除了安迪・沃荷作品『Portfolio＜毛澤東＞』之外，也展示了美國抽象表現主義的代表性畫家傑克遜・波洛克（Jackson Pollock）等大師的作品

4
有著挑高天花板的館內分為兩層，不只有繪畫，還有造型作品等多樣領域

SOUVENIR

把藝術商品帶回家

沃荷 印刷圖紋
托特包
各5184日圓
整面印上沃荷的作品，是非常有震撼度的托特包。另外也有金寶湯罐頭等圖案

名信片
各102日圓
印有康丁斯基（Kandinsky）、馬克・羅斯科（Mark Rothko）等人的展示作品。裝在相框裡也是個很棒的室內裝飾

不織布娃娃
浣熊 6480日圓
貓頭鷹 9720日圓
不織布作家・兒玉彩的作品。她的作品多為動物，擬真度高，表情也很可愛

1 草間彌生的『PUNKINS』。為利摩日瓷器的擺飾品。後方為同名版畫。

中輕井澤

かるいざわげんだいびじゅつかん
輕井澤現代美術館

**國內外粉絲眾多
展示日本藝術家的作品**

由東京神田神保町的畫廊「海畫廊」經營的美術館。特別著重收藏日本享譽國際的藝術家作品。在1樓的展示空間陳列了草間彌生、奈良美智、白髮一雄等在日本也很有人氣的藝術家作品。2樓為畫廊，可購買展示作家的作品。

☎0267-31-5141 MAP 附錄正面④C4
🏠 輕井沢町長倉2052-2 🚃 信濃鐵道中輕井澤站車程5分 ☑入館1000日圓(附飲料及茶點) ⏰10:00～17:00 休週二、三(逢假日則開館，黃金週、夏季無休，冬季休館) Ｐ20輛

2 爬上樹林環繞的坡道，就會看到建築物
3 活用木質風味的接待處。另外也併設美術館商店與咖啡廳

Tea Break

飲料及茶點已包含於入館費，欣賞作品過程中可以悠閒地休息一下

SOUVENIR

輕井澤現代美術館原創
托特包
3400日圓

加上美術館圖案的原創托特包，由工匠一一手工製作。另外也有化妝包、皮革小物等

草間彌生×MARKS
紙膠帶
3卷1套
1080日圓

充滿草間作品人氣圖案的紙膠帶。讓信紙、相簿也變得有藝術感了！

南輕井澤

かるいざわえほんのもりびじゅつかん

輕井澤繪本之森美術館

著重於有長達300年繪本文化歷史
的美術館。以歐美繪本為主,收藏
了近代與現代作家的繪本原畫及初
版書籍、資料等約6800件。繪本圖
書館內有約1800本圖書供自由閱
覽。

→準同P10如畫庭園

1 穿過如畫庭園就會看見展示館。 2 陳列
了『彼得兔』的繪本原畫及初版書籍等貴重
的繪本資料 3 位於別棟的繪本圖書館。重
返童心,來讀讀繪本吧 4 陳列了歐美兒童
文學研究家·吉田新一收藏書籍的資料室。
想閱覽時請洽詢工作人員

Books!

『THE LITTLE HOUSE』
Virginia Lee
Burton著作
Houghton Mifflin
Harcourt發行
2938日圓

受到全世界的喜愛「小房子」的原文
書。插畫及裝訂都很精美

南輕井澤

えるつおもちゃはくぶつかん·かるいざわ

愛爾茲玩具博物館·輕井澤

位於德國與捷克國境的德國愛爾茲地區的木工
玩具博物館。以淺顯易懂的方式介紹代表性的
木製玩具和其歷史,以及傳統玩具的製作方式
等。也併設有歐洲益智玩具與設計師玩具的遊
樂區。

入館600日圓,與輕井澤繪本之森美術館的2館共通門票
為1100日圓(11~1月、3~4月為1000日圓),其他→準同
P10如畫庭園

Toys!

1 主要展示室。在展示上作了點
巧思,讓親子可以面對面一起看
展示品。 2 愛爾茲地區代表性
玩具「胡桃鉗士兵」。

将旅行One Scene融入生活

OLD COTTAGE

　　說到輕井澤，就不能不談談它為身為避暑勝地的歷史。始於明治19年(1886)，據說一開始是加拿大傳教士A．C．蕭愛上輕井澤的大自然與氣候，每到夏天就會來這裡避暑。2年後他蓋了自己的別墅，並向他的朋友們宣傳，漸漸地外國人也開始來此蓋別墅。只

要理解建築之美，以及知道曾是屋主的名人，就自然地可以真實感受到輕井澤的歷程。前來參觀的時候，可在觀光服務處取得一眼看懂歷史建築物的傳單作參考。

(南輕井澤)

きゅうあさぶきさんそうすいきゅうそう
舊朝吹山莊「睡鳩莊」

昭和6年(1931)

實業家・朝吹常吉氏的別墅建築。爾後由其長女、同時也是法國文學家的朝吹登水子繼承。將原本位於舊輕井澤的建築，在2008年時遷移至現在的位置。家具等物品也原封不動地保存下來。

DATA→P18

POINT 1

威廉・梅雷爾・瓦歷斯從明治末期到昭和初期於日本各地責建造西洋建築，這裡是由他設計的瓦歷斯建築。光是在輕井澤，他就設計了60棟建築。

POINT 2

據說登水子為了讓1樓的露台也可照到陽光，因此將2樓的陽台空間減為一半。

むろうさいせいきねんかん
室生犀星紀念館

昭和 6 年（1931）

室生犀星因為受到輕井澤的自然與氣候吸引，而
建造這棟日本家屋建築的別邸。從建造完成的昭
和6年（1931）到去世的前一年為止，據說每年夏
天都是在這裡度過。佈滿青苔的庭園相當美麗。

☎0267-45-8695（輕井澤町教育委員會）
MAP 附錄正面③C2
🏠輕井沢町輕井沢979-3 ‼️旧輕井沢巴士站步行
10分 ¥免費 🕘9:00～17:00 休無休（11月上旬～
4月下旬為冬季休館）🅿無

POINT 犀星最喜歡坐在外廊上眺望庭院的風
景。右側是訪客用的小屋。

きゅうすいすこうしかん「みやまそう」
舊瑞士公使館「深山莊」

昭和 11 年（1936）

在這個地區經營租賃別墅的實業家，建設的公
寓型租賃別墅。從戰爭中的昭和19年（1944）
起到戰爭結束期間為瑞士公使館。

☎0267-45-8695（輕井澤町教育委員會）
MAP 附錄正面①D1
🏠輕井沢町輕井沢1369-21 ‼️三笠巴士站即到
¥ 🕘 休自由參觀（僅外觀部份）🅿無

POINT 因為是當做租賃別墅使用，內部為簡
單樸實的構造。其中也有日式房間。

ほりたつお せんよんひゃくじゅうにばんさんそう
堀辰雄 1412號山莊

大正時代

將深愛輕井澤的文學家，堀辰雄從昭和16年
（1941）年起連續3年在度過夏天的別墅移建
至此處。明治～大正期間的別墅多屬這種質樸
的輕井澤平房式建築。

☎0267-45-1175 MAP 附錄正面⑤B2
🏠輕井沢町長倉202-3（輕井澤高原文庫內）‼️JR輕
井沢站車程10分 ¥入館700日圓 🕘9:00～17:00 休
無休（12～2月為冬季休館）🅿220輛（1次500日圓）

POINT 在堀辰雄的作品《美しい村》中登場
的別墅。現在還留有當時的暖爐等物
品，也可以進入室內參觀。

鬆軟、溼潤
風味溫和的花豆甜點

使用當地特產花豆的甜點，初見到時都會被花豆的存在感所驚嚇！
奢侈地大量加入鬆軟的花豆，讓甜點帶了點溫和的風味。

COMMENTED BY　本間よしみ WRITER

Ⓐ

花豆蛋糕
2200日圓（整個）

從20年前就很有人氣的蛋糕。完整呈現花豆的甜度，很質樸的塔式蛋糕

花豆大福
1個 130日圓

外為100%的糯米皮，內為紅豆餡及用糖熬煮的一整顆花豆

Ⓑ

（舊輕井澤）────Ⓐ

る・れがらん
Le Regalant

昭和54年（1979）開業的法式西點店。甜點使用新鮮雞蛋及當季水果等講究的素材，在當地居民及別墅居民之間也有很高的評價。

☎0267-42-7955 MAP附錄正面③B4
🏠輕井沢町輕井沢1-13 🚏舊輕井澤巴士站步行3分 🕙10:00～18:00（夏季～19:00）🈺週四（8月無休）
🅿12 🈚無

（舊輕井澤）────Ⓑ

かしくらせいか
柏倉製菓

自昭和38年（1963）創業以來，持續銷售傳統的手工糕點的老字號和菓子店。花豆紅飯是一開店就馬上銷售一空的超人氣商品。

☎0267-42-4505 MAP附錄正面③C3
🏠輕井沢町輕井沢742-6 🚏舊輕井澤巴士站步行7分 🕙9:00～18:00
🈺週四（1～2月不定休）🅿無

（中輕井澤）────Ⓒ

いずみや でんべえ
和泉屋 傳兵衛

販售使用信州特產品的創作西點及和菓子。使用的花豆為八岳的契約農家以有機栽培的「森之花豆」。

☎0267-31-0811 MAP附錄地圖④B2
🏠輕井沢町星野（榆樹街小鎮內）🚏JR輕井澤站免費接駁車車程15分 🕙10:00～18:00（有季節性變動）🈺無休（有臨時休業）🅿200輛（特定日為付費）

B

花豆紅飯
610日圓

加了大量熬煮得微甜的花
豆。花豆的甜度與紅飯的鹹
度搭配得恰到好處

C

花豆饅頭
1個 154日圓

包了100%的花豆餡。花豆
特有的質樸甜度是魅力所在

森之花豆羊羹
1條 566日圓

花豆餡羊羹，大量加了蒸得
鬆軟的花豆

C

花豆奶油銅鑼燒
1個 178日圓

柔軟的銅鑼燒外皮夾入混合花豆
餡的和泉屋特製奶油醬

花豆糰子
1串 150日圓

使用了名為五郎兵衛米的夢
幻米，充滿講究的糰子。最
上面裝飾了大大的花豆

C

C

目標是現烤麵包
前進別墅居民也喜愛的麵包店

受外國人喜愛的高水準輕井澤麵包。
石窯烘烤、天然酵母、有機食材等，享受每間店各自不同的特色。

COMMENTED BY 高尾繪里 EDITOR

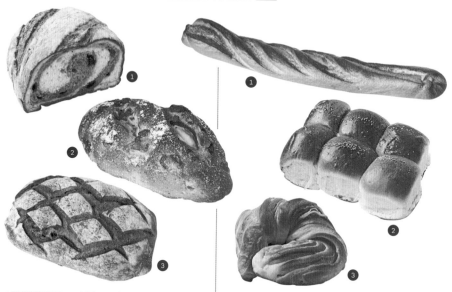

1 輕井澤藍莓100g 216日圓～　2 加了天然酵母的蔓越莓＆乳酪鄉村麵包 335日圓　3 加了葡萄乾及橘子啤酒等的水果黑麥麵包 1253日圓

（ 舊輕井澤 ）

ぷらんじぇあさのや かるいざわきゅうどうほんてん

BOULANGERIE ASANOYA 輕井澤舊道本店

於昭和15年（1940）開幕。從很早就因使用歐洲傳統的麵包製法受到注目，而麵包是以西班牙製的石窯烘烤。在日本國內外的淺野屋當中，只有在這間店才吃得到石窯烘烤的麵包。

☎0267-42-2149
MAP附錄正面③B2　🏠輕井沢町輕井沢738 🚶旧輕井沢巴士站步行6分 🕐8:00～18:00（夏季為7:00～21:00）休無休 P無

1 店家的招牌商品法國麵包 324日圓。表面酥脆芳香，內部Q彈　2 口味樸實的小餐包 389日圓　3 有著酥脆口感的鹽味牛角麵包 151日圓

（ 舊輕井澤 ）

ふらんすべーかりー

French Bakery

創業於昭和26日（1951），首代老闆曾擔任萬平飯店的麵包店主廚。至今第三代皆遵照傳統的製法，持續製作口味樸實的麵包。因為約翰・藍儂一家人也曾來過而著名。

☎0267-42-2155
MAP附錄正面③B2　🏠輕井沢町輕井沢618 🚶旧輕井沢巴士站步行6分 🕐8:00～17:00（夏季為7:00～18:00）休無休（11～4月下旬為週四）P無

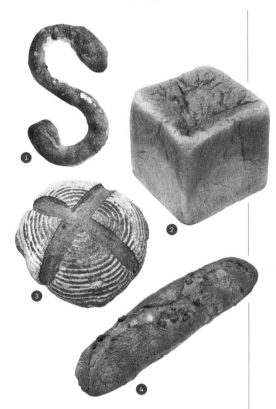

1 澤村的S型巧克力大納言302日圓　2 澤村加料麵包777
日圓　3 使用3種自製酵母的輕井澤鄉村麵包1728日圓
4 黑豆黃豆粉麵包1944日圓

1 只使用麵粉、鹽巴、水、堅果製作的果實麵包330日圓
2 夾進滿滿水果乾、核果等的多料水果麵包460日圓
3 加了發酵奶油的布莉歐130日圓

(中輕井澤)

べーかりーあんどれすとらんさわむら　はるにれてらす

BAKERY & RESTAURANT SAWAMURA
Harunire Terrace

依照不同麵包區分區使用4種天然酵母與約15種
麵粉。有硬麵包類、西點、鹹麵包等多樣化的
商品。以長時間熟成來引發出麵包的美味。

☎0267-31-0144
MAP 附錄正面④B2 🏠輕井沢町星野
(榆樹街小鎮內) 🍴星野温泉トンボ
の湯巴士站步行2分 🕐7:00～21:
00(餐廳為11:00～22:00，皆會
變動) 🈑無休 🅿200輛

(中輕井澤)

はるたかるいざわてん

haluta輕井澤店

盡可能地使用有機素材，以硬麵包的簡單類型
為中心，提供全手工製作的麵包。這裡也併設
了咖啡廳空間，可以和麵包一起享用的咖啡
350日圓～等。

☎0267-31-0841
MAP 附錄正面④B4 🏠輕井沢町中
輕井沢3018-3 🍴しな信濃鐵道中輕
井澤站步行5分 🕐9:00～16:00 🈑
週二(有不定休) 🅿5輛

傳承職人的技術
名店的乳酪&香腸

從很早以前外國飲食文化就已紮根在輕井澤，乳酪或香腸等加工品都很正統。
和輕井澤名店的現烤麵包最對味了。

COMMENTED BY　小野川由基知　EDITOR

1 輕井澤熟成乳酪100g 1188日圓　2 2015年國際乳酪大賽得到最高金獎的藍紋乳酪100g 1512日圓　3 溫和濃郁的輕井澤卡門貝爾 1404日圓　4 高甜度蕃茄與鯷魚的披薩 1728日圓

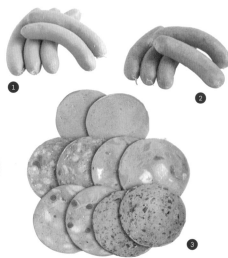

1 未燻製的白香腸100g 300日圓　2 粗絞肉香腸100g 320日圓　3 5種類的火腿切片各2片組合 740日圓

（輕井澤站周邊）

あとりえ・ど・ふろまーじゅ　かるいざわばいてん　ちーずじゅくせいじょ

Atelier de Fromage
輕井澤賣店／乳酪熟成所

使用採購自特定農家的牛奶，進行新鮮乳酪、洗浸乳酪、半硬質乳酪等約20個種類乳酪的製造、銷售。用生乳製作的優格以及自製乳酪的店家才有的甜點也不能錯過。

☎0267-42-7394
MAP 附錄正面②C3　▲輕井澤町輕井澤東18-9　➡JR輕井澤站步行5分　◷10:00～17:30　休不定休
🅿2輛

（舊輕井澤）

かるいざわでりかてっせん

KARUIZAWA DELICA TESSEN

第一代店長堅持以向德國人師父學習的傳統製法製作的加工肉品名店。不使用木屑，而是以櫻花木塊直火燻製，這個用獨自製法製作的火腿、香腸、培根，不只是別墅居民，也深受當地居民的喜愛。

☎0267-42-6427
MAP 附錄正面③C2　▲輕井澤町輕井澤657-6　➡舊輕井澤巴士站步行8分　◷9:00～17:30（冬季為9:30～17:00）　休週四（1月～3月中旬為週三、四）　🅿無

1 德國豬肝腸100g 562日圓　2 自豪的口味，生吃也很好吃的培根100g 1135日圓　3 口感軟嫩的慕尼黑巴伐利亞白香腸100g 562日圓　4 放在模具裡蒸烤的德國肉餡捲100g 478日圓

1 使用粗紋豬五花肉製作的多汁德國豬肉腸100g 345日圓　2 微辣的西班牙香腸100g 356日圓　3 紅與綠美麗配色的甜椒里昂那香腸100g 388日圓　4 豬腿肉火腿、加熱火腿100g 421日圓

(舊輕井澤)

でりかてっせん・きっつびゅーる

delikatessen kitzbuehl

在這裡販售由擁有德國國家證照，食用肉品專家的師傅手工製作的火腿及香腸。以國產品牌豬肉加上採購自慕尼黑的香料製作的逸品，絕不可錯過。

☎0267-42-5488
MAP 附錄正面③B4　▲輕井沢町輕井沢1-8-1F　!|舊輕井沢巴士站即到　●7:30～21:00　休無休　P無

(信濃追分)

ふぁいんこすと めっつげらい かたやま

Feinkost Metzgerei Katayama

創業40多年深入紮根於當地的肉品店。向當地養豬戶直接採購嚴選豬肉，以正統的傳統製作製作火腿及香腸。完全不添加肉品黏著劑、食品著色劑、防腐劑。

☎0267-32-3539
MAP 附錄背面⑪H7　▲御代田町馬瀨口456-2　!|信濃鐵道御代田站步行10分　●9:00～19:00　休週三　P10輛

來自大自然的恩惠
珍貴的果醬&蜂蜜

說到輕井澤的必買伴手禮，就是果醬等瓶裝食品。在眾多種類當中，
要選擇活用素材風味、不含添加物的商品。也不要忘了稀少的當地產蜂蜜。

COMMENTED BY 高橋勝美 WRITER

1 保留果粒原狀的草莓果醬260g 1188日圓　2 國產的洋槐花蜜270g 1750日圓　3 使用特產的花梨製作，香氣十足的花梨(木梨)果醬270g 810日圓　4 藍莓果醬1080日圓

(舊輕井澤)

さわやきゅうかるいざわてん／きっささろん

SAWAYA COFFEE SALON

自昭和27年（1952）創業以來，講究於無添加果醬的生產。將當季水果趁新鮮時加工成果醬，一整年製造、銷售約50種類以上的果醬。於咖啡廳提供的現炸皮羅什基320日圓也很有人氣。

☎0267-42-8411 MAP 附錄正面③ C3 ▲輕井澤町輕井澤746-1 ♥旧輕井澤巴士站步行5分 ⏰9:00～18:00(8月為～19:00) 休無休 (1～3月中旬冬季休業) P無

1 嚴選完熟果實的黑棗果醬270g 968日圓 2 信州產的紅玉蘋果醬270g 865日圓　3 酸甜比例絕妙的越橘果醬270g 1185日圓　4 甜度溫和的藍莓果醬270g 1185日圓

(舊輕井澤)

なかやまのじゃむ

Nakayama's Jam

傳承加拿大傳教士所教導的製法及口味的老字號。留有果粒外形的蜜餞類型的果醬，特徵是發揮當季水果原有風味的清爽甜味。隨時皆陳列有約20種口味。

☎0120-338-332 MAP 附錄地圖③ B2 ▲輕井澤町輕井澤750-1 ♥旧輕井澤巴士站步行5分 ⏰10:00～17:00(夏季會延長) P無

珍貴的果醬&蜂蜜

1 採自御代田的蜂蜜300g 1400日圓
2 使用自己栽種的醋栗所製成的醋栗果醬300g 1100日圓 3 食用大黃果醬300g 900日圓

（ 舊輕井澤 ）

なかやまのうえん
中山農園

創業於明治38年（1905）。據說新渡戶稻造夫妻也曾經來這裡買過的果醬，主要使用稻造妻子·瑪麗贈送的大黃植株、以及自家栽種的素材、當地產的水果所製作。夏季時在店頭還會陳列當天早上採收的蔬菜。

☎0267-42-2145 MAP附錄正面③C3 ♠輕井澤町輕井澤753-3 ♥旧輕井澤巴士站步行6分 ●9:30〜17:00 ⊗週四（12〜3月為冬季休業）Ｐ無

（ 舊輕井澤 ）

はにーしょっぷかるいざわ
Honey shop Karuizawa

由深愛蜂蜜的養蜂人家所經營的店家。招牌的蓮花蜂蜜等之外，還陳列不少添加蜂蜜的加工品。蜂膠、100%天然成份的護唇膏864日圓、及護手乳（手部修護霜）972日圓〜，皆受到女性顧客的好評。

☎0267-42-0583 MAP附錄正面③C2 ♠輕井澤町輕井澤733 ♥旧輕井澤巴士站步行6分 ●10:00〜18:00（會變動）⊗不定休 Ｐ無

1 玫瑰蜂蜜100g 540日圓 2 金盞花100g 540日圓 3 蜂蜜檸 300g 972日圓 4 充滿多酚的腺齒越桔果醬150g 1080日圓（添加酸味香料）

1 信州菇醬油奶油370g 1080日圓等，義大利麵醬汁種類也很豐富
2 無添加的草莓、藍莓、柑橘果醬各105g 540日圓

（ 中輕井澤 ）

ここぺり
ココペリ

連輕井澤的名主廚也是顧客的農園「輕井澤Salad Farm」經營的直營店。除了在上午就會銷售一空的當天現採蔬菜，也有販售果醬、調味料、醬汁等商品。用農園的蔬菜製作的奶昔及烘培西點也頗受好評。

☎0267-46-4355 MAP附錄正面④B2 ♠輕井澤町星野ハルニレテラス內 ♥JR輕井澤站南口免費接駁車車程15分 ●10:00〜18:00（會變動）⊗無休（有臨時休業）Ｐ200輛

讓日常生活稍微迷人一些。
拜訪富有品味的雜貨店

收集了可以為日常生活增添色彩的古董餐具及文具等雜貨，這種店家只在高雅的輕井澤才有。
進來看一看，應該可以邂逅到讓人心動的商品。

COMMENTED BY 高尾繪里 EDITOR

1 在德國的大學銷售的鋼筆，kaweco STUDENT 7560日圓。附盒子　2 英國的古董糖罐 6480日圓　3 ARABIA水果盤 3240日圓。為70年代的 ARBIA公司所製作　4 原創砧板 3024日圓～。附量尺為3240日圓

（信濃追分）

べーす あらうんど

pace around

聚集了生活用品的雜貨店

重新利用曾為印刷工廠的建築物，店內陳列了餐具、文具、衣物、園藝用品、家具、葡萄酒、麵包等多類型的商品，就像是個小小的街道一樣。如同店名的意思「來回散步」，繞幾圈來找出中意的東西吧。

☎0267-32-7007 MAP 附錄正面⑪H7
🏠御代田町塩野400-158 🚉信濃鐵道信濃追分站車程15分 🕙10:00～18:00 🅗週三（有臨時休業）🅟8輛

1 島根縣松江市的湯町窯 杯子&茶托 5400日圓　2 印度手雕貓頭鷹 1080日 圓～　3 朱漆色調很美的 根來塗漆器的茶碗 2808 日圓

（舊輕井澤）

すじゅうぎゃらりーだーくあいず

SUJU GALLERY DARK EYES

銷售在RESTARANT酢重正之等系列和食店中使 用的餐具。除了北歐及亞洲的家具之外，也有從 日本各地的陶器窯所精選出來的器皿、充滿玩心 的日常用品等，有豐富可以為生活添色的雜貨。

☎0267-41-2828
MAP 附錄正面③B4 ♣軽井沢町軽 井沢1-7 ♥️旧軽井沢巴士站短暫步 行 ⏰10:00～19:00(週五~日・ 20:00、有其他變動) 休無休 P無

（舊輕井澤）

こりす

coriss

自然風格的店內，滿滿地陳列了廚房、花園、 文具等的雜貨，和自然素材的衣服。是店長親 自使用、並且肯定品質才精選出來的商品。

☎0267-46-8425
MAP 附錄正面②C1 ♣軽井沢町軽井 沢10-2 ♥️旧軽井沢巴士站步行3分 ⏰10:30～18:30 休不定休 P8輛

1 外型混圓、色彩鮮艷的茶 壺 各3888日圓　2 越使用 越增品味的「ALDIN」餐墊 各2700日圓

（信濃追分）

たいるや

太伊瑠屋

由居住在當地的磁磚作家・重谷和郎所開 設的店家。收集了7位當地作家的作品， 除了磁磚外還有陳列了繪畫、陶器、娃娃 等獨一無二的商品。也有舉行彩繪磁磚的 體驗活動（需預約），1次2000日圓～。

☎090-2317-1525 MAP 附錄正面⑥B1
♣軽井沢追分602-8 ♥️信濃鐵道信濃追分站車程
5分 ⏰11:00～16:00 休不定休 P2輛

1 有著溫暖氣息的手繪磁磚　2 樹木圖案的彩繪磁磚。可以 直接掛在牆壁上　3 充滿個性的重谷先生的原創磁磚　4 每 塊磁磚的價格約是1片1000日圓上下

在當地超市 TSURUYA 輕井澤店
尋找別墅住戶御用的原創伴手禮

不只是當地居民，別墅居民及輕井澤常客當中也有很多粉絲的當地超市·TSURUYA。
有非常多只有信州才有的原創商品，可說是購物的天堂♪

COMMENTED BY　高橋勝美　WRITER

丸山珈琲
TSURUYA原創商品
輕井澤特調
（優雅·清新）
各120g 647日圓

起源自輕井澤的咖啡店·丸山珈琲為TSURUYA輕井澤店所推出的原創特調。也很適合作為伴手禮

TSURUYA原創商品
信州蔵づめ（甜口）
1kg 410日圓

在歷史悠久的城郭都市－小諸製作的味噌。在有300年歷史的倉庫製造，是TSURUYA最自豪的逸品

TSURUYA精選商品
完整果實果醬
（信州產富士蘋果奶油·信州森之杏子）
各155g 410日圓

講究果實原有的風味與香氣，果醬的70%為果實。有蘋果及杏子口味，都是使用信州產。

TSURUYA原創商品
信州蘋果汁
800㎖ 323日圓

100%信州產蘋果汁，就像直接吃蘋果一樣的美味。完全未添加砂糖及水

TSURUYA原創商品
信州葡萄酒
各720㎖ 907日圓

原創的信州葡萄酒。紅酒使用康考特葡萄，白酒則為尼加拉瓜葡萄。未添加防氧劑，價格也很優惠！

TSURUYA精選商品
鰹魚與昆布的
天然高湯包

8g×12包 539日圓

以柴火煙燻製作的鰹魚
片，與北海道產的昆布調
製而成的正統高湯。末添
加鹽巴、化學調味料

TSURUYA精選商品
信州高原
特產啤酒

各350mℓ 215日圓

是使用淺間山的水所釀造
的100％麥芽啤酒。有
CLEAR、BLACK、
ORGANIC三個種類

TSURUYA原創商品
有機核桃醬汁

150mℓ 431日圓

蕎麥麵、烏龍麵的沾醬、
涼拌、生菜沙拉等都能使
用的萬能醬汁。造成話題
的Omega-3脂肪酸的含
量也很豐富

(南輕井澤)

つるや かるいざわてん
TSURUYA 輕井澤店

在長野縣內共有32間店鋪，屬於本地的超市。
由契約農家直送的新鮮蔬菜種類豐富，另外還
有約600種類以上的私有品牌商品（PB），其
高品質也得到好評。在這裡一定可以找到適合
自用及送人的伴手禮。

☎0267-46-1811 MAP附錄正面⑤A1
🏠輕井沢町長倉2707 🚉信濃鐵道中輕井澤站車程2分
🕘9:30～20:00(7～9月為9時～) 休不定休 P400輛

果醬專區

果醬是輕井澤最基本款
伴手禮，這裡除了種類
豐富外，容量大小的選
擇也很多樣。

丸山珈琲專區

陳列了當地品牌，丸山
珈琲的調和咖啡。限定
的特調咖啡也可以少量
購買。

蔬菜專區

陳列了萵苣、菠菜等葉
菜類蔬菜。盛產季還會
有大黃、野澤菜等信州
蔬菜。

菇類專區

因為信州被山所環繞，
所以菇的種類也相當豐
富。有杏鮑菇、鴻禧菇
等當地產的菇類。

味噌專區

除了容量大小多樣的味噌
外，還有製作味噌時不可
或缺的麴等商品也有很多
種類。買信州味噌作為伴
手禮最適合了。

啤酒專區

除了TSURUYA原創商品
外，還有輕井澤高原啤
酒、輕井澤淺間高原啤
酒等，縣內各種地釀啤
酒也很齊全。

採收藍莓作成果醬
來製作專屬於自己的原創果醬

在有很多藍莓農園的輕井澤，還可以自己採收藍莓來製作果醬。
完成自己喜愛的口味的原創果醬，裡頭也加入滿滿的旅行氣息了。

COMMENTED BY 本間よしみ WRITER

1 視野絕佳的農園 2 黑莓、野櫻莓、樹莓、藍莓等 3 將現採的莓果製作成果醬 4 含有豐富多酚的野櫻莓與藍莓的混合果醬 5 以枯葉及木屑為肥料栽種的有機莓果

(南輕井澤)

かるいざわほっちべリーえん
軽井沢発地ベリー園

眺望淺間山雄偉姿態的同時
體驗充滿開放感的採收樂趣

位於南輕井澤的廣大農園中，以無農藥方式栽種藍莓、藍靛果忍冬、黑加侖、黑莓等約10種類的莓果。採收莓果及製作新鮮果汁300g 1000日圓，頗受好評。

☎0267-48-2338
MAP 附錄正面①C4 ▲輕井澤町上發地1597♥JR輕井澤站車程18分 ¥入園免費 ◷9:00～17:00 ◷6月中旬～9月上旬營業、期間中無休（9月上旬～6月上旬需洽詢）P3輛

SHOP DATA

> 體驗資訊

費用：300g 2000日圓～（採收1000日圓～、果醬製作1000日圓）
舉行期間：6月中旬～9月上旬（期間外需洽詢）
需時：約1小時
預約：需預約

（南輕井澤）

ぶるーべりーふぃーるど・かなん

Blueberry Field Canaan

封存住成熟果實的鮮美
講究的藍莓果醬

這裡是可以體驗採收藍莓及製作果醬的農園。栽種了約12種的藍莓，不同時期結果的品種也不同，所以可以品嘗到不一樣的味道。夏天時也有銷售甜玉米。

☎090-4521-4726
MAP 附錄正面①B3
🏠輕井沢町発地2922-1 🚌JR輕井澤站車程18分 💰入園費1000日圓(採收外帶另計1籃500日圓) 🕙10:00～17:00(週日、三為14:00～) 📅7月～9月上旬營業、期間中無休 🅿10輛

SHOP DATA

1 只使用藍莓內含的水份　2 以無農藥、無化學肥料栽種的藍莓　3 製作時只使用藍莓與洗雙糖，因此突顯了果實的味道　4 可以依自己喜好調整口味　5 園內莓果株之間的步道很寬，可輕鬆散步　6 莓果園的腹地有7000㎡之大

💭 體驗資訊

費用：300g 2500日圓
（入園費1000日圓、果醬
製作1500日圓）
舉行期間：7月～9月上旬
需時：約1小時
預約：需預約

KIRISHITAYASAI

　　只有被精選過的蔬菜才能認定為品牌蔬菜「輕井澤霧下蔬菜」。說是品牌蔬菜，可能會有人以為當地居民平常不會吃，但其實它在當地居民之間也是很受歡迎的蔬菜。

　　在輕井澤町內銷售這個蔬菜的只有2處。其中一處為直銷所，擁有從開店前就大排長龍的超強人氣。除了當地居民，連名餐廳的主廚也會來購買，一開店就門庭若市。以下介紹吸引眾人的「輕井澤霧下蔬菜」的魅力。踏上歸途之前一定要來看看。

WHAT'S

輕井澤霧下蔬菜

於2010年完成商標登錄的品牌蔬菜。栽種於標高900〜1000m高地的輕井澤町內，並且提交栽種日誌，經過品質認可才能獲認為霧下蔬菜。因為屬於多霧的氣候，濃縮了蔬菜的甜度，而誕生出其獨特的風味。盛產期為8〜9月。

櫛瓜為代表性的夏季蔬菜，有時也能看到稀奇的種類。圓滾滾的外型很可愛

為我們解說的人

CHEF'S COMMENT

「輕井澤霧下蔬菜和其他蔬菜的味道是完全不一樣的。像高麗菜或萵苣的味道特別濃郁，玉米的高甜度也很出色。不管哪個蔬菜的本質都很棒，即便用簡單的調理法都可以作出很像樣的料理呢。」

RECOMMENDED BY
堀内耕太 先生

義大利料理店「MODESTO」的主廚，料理中大量使用當季蔬菜而獲得一致好評。出身於長野縣上田市。

SHOP DATA…P104

每天早晨由生產者親自運送的新鮮蔬菜。享受當季才有的風味

高麗菜

水分含量多，菜葉密實，口感也很清脆。不沾醬直接吃很甜很好吃。若以水煮高麗菜加上鯷魚製成義大利麵，鯷魚的鹽味會更加襯托出高麗菜的甜味。

萵苣

當天早上採收的萵苣葉子是直挺挺的，摸了會有清脆的聲音。據說是因為霧的影響，菜葉表面不會乾燥而使得菜葉軟嫩，且甜味很鮮明。用來做生菜沙拉直接吃是最適合的。

大黃

中藥也常使用的大黃，食物纖維相當豐富。因為味道較酸，一般是加砂糖製成果醬或是派類、果凍。用糖燉煮後保存起來，恰到好處的酸味，做成肉類料理的醬汁可用來提味，用途很多。

玉米

輕井澤霧下蔬菜的玉米，即使是一般品種甜度也高達14度為其特徵。照片是名為味來（みらい）的稀有品種，甜度19度。製成冷湯可以展現它的甜度。製成法式乳酪就是很適合夏天的甜點。

羅馬花椰菜

屬於花椰菜的一種。偏軟易熟，所以建議稍微加熱即可。可用蒸或炒的方式料理。相較於花椰菜甜味較重。

在這裡
買得到

SHOP DATA

2016年4月
OPEN！

南輕井澤

かるいざわぼっちいちば

軽井沢発地市庭

輕井澤霧下蔬菜的直銷所擴大規模，於2016年4月搬遷至此開幕。在15000㎡的腹地內，有大面積的蔬菜直銷所，以及提供輕食的空間，還備有農業體驗設施。

☎0267-45-0037
MAP 附錄正面①C3　▲輕井沢町発地　♥JR輕井澤站車程15分　休因店而異
P143輛

旅遊小筆記

深入採訪

令人好奇的
用語

舊輕井澤
【キュウ-カルイザワ】

為什麼是「舊」呢？

常看到像舊輕井澤、中輕井澤等，在輕井澤前面加一個字的地名。其中舊輕井澤也位於輕井澤內，為什麼會是「舊」呢？應該有不少人有這個疑問。

舊輕井澤曾經是中山驛道的住宿地，輕井澤宿而興盛一時的地區。因輕井澤宿的南方設了了輕井澤站，車站前也完成了國道的建設，漸漸地以車站為中心繁榮起來，輕井澤宿也就此沒落。爾後這個地區就被人作舊輕井澤。

那有「新」嗎？

從輕井澤站往舊輕井澤站方向步行7～8分處，在過去有個名為新輕井澤的車站，因此現在該車站附近也被稱作新輕井澤。

令人好奇的
採訪途中

雨傘天空

在榆樹街小鎮（→P30）發現以雨傘作成的廊道！6月的梅雨季限定。

鴨子

在輕井澤塔列辛（→P18）遇見在橋上散步中的鴨子。餵牠飼料的話就會停下腳步。

電話亭

位於舊輕井澤圓環的電話亭是洋樓風格。很有輕井澤氣氛！

令人好奇的人物是
何方神聖？

靠近長椅…

咦。是小矮人耶！

小矮人的擺飾品

英國玫瑰庭園（→P18）散步時，在長椅旁邊有個白色物體，走近一看才發現是可愛的小矮人擺飾。還有其他的同伴，一起來找看看吧。

A·C·蕭

建設蕭紀念禮拜堂（→P60）的加拿大傳教士亞歷山大· 克勞夫· 蕭（Alexander Croft Shaw）的胸像。也是將輕井澤作為避暑勝地而繁榮至今的發源者，被稱為「輕井澤的恩人」。也因為蕭深愛輕井澤的大自然及氣候，而向他的友人推廣了輕井澤的優點，使得輕井澤成為充滿著外國文化的城市。

本書作者的真心話
各式各樣的必遊景點複習

SPOT

雲場池

輕井澤蕭紀念禮拜堂

萬平飯店 | 舊輕井澤銀座 | 輕井澤王子購物廣場
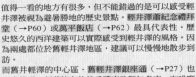

值得一看的地方有很多，但不能錯過的是可以感受輕井澤被視為避暑勝地的歷史景點。輕井澤蕭紀念禮拜堂（→P60）或萬平飯店（→P62）最具代表性。歷史悠久的西洋建築可以實際感受到輕井澤的風情。因為兩處都位於舊輕井澤地區，建議可以慢慢地散步到訪。

而舊井輕澤的中心區，舊輕井澤銀座通（→P27）也不容錯過，新舊皆有的伴手禮店及麵包名店、咖啡廳等人氣店聚集，在旺季時的熱鬧程度就有如東京、原宿一般。要購買伴手禮的話就一定是這裡了。

若想親近大自然，就請一定要去雲場池（→P58）。天氣好的時候可以眺望淺間山，是離輕井澤站最近的療癒景點。若想去人氣的暢貨中心，輕井澤王子購物廣場（→P88）購物，請記得空出半天的時間。

作為避暑勝地發展的同時，洋食文化也落腳於輕井澤。第一個就是麵包（→P72），老字號麵包店之外也有新麵包店登場，巡禮於各店之間，尋找自己喜歡的口味也很有趣。若想在餐廳用餐，就一定要選使用當地採收的高原蔬菜的輕井澤法式餐廳（→P50）。在標高很高的輕井澤採收的高原蔬菜，不僅水嫩、味道也相當濃郁是其特色。有許多主廚受輕井澤的風土及豐富食材吸引來此開店，所以可以享用到高水準的料理。如果喜歡日本料理，就要吃信州蕎麥麵。蕎麥麵在輕井澤也是人氣美食之一，以輕井澤乾淨的水源手工製作的蕎麥麵，也受當地居民的喜愛。而可以邊走邊吃的必吃美食，就是Mikado Coffee（→P100）的摩卡霜淇淋，是製作霜淇淋而特別沖泡的咖啡，是味道很濃厚的名品。連約翰藍儂和小野洋子也吃過的味道，一定要來試試。

FOOD

麵包 | 輕井澤法式料理

高原蔬菜 | 信州蕎麥麵 | 摩卡霜淇淋

果醬（→P76）是必買伴手禮的NO.1。有很多果醬店家是當地人向外國傳教士學習食譜後開設。果醬店維持著當時作法，讓果醬展現出水果的新鮮風味，而且因使用古老製法，所以最令人高興的是有許多無添加物的果醬。另外，受外國飲食文化的影響，也有很多火腿、香腸、乳酪等高評價的店家（→P74）。使用位處高原生產的新鮮牛奶，製作出來的乳製品都有著產地才有的滋味。隱藏版名產花豆甜點（→P70）也不容錯過。花豆為菜豆的一種，豆子較大。因為偏好寒冷的氣候，所以成為這個地方為人熟知的名產。最後，喜歡喝酒的人絕對不能錯過的就是信州葡萄酒。輕井澤相鄰的東御市聚集了很多葡萄酒廠，但在輕井澤町內的葡萄酒專賣店或輕井澤王子購物廣場就都買得到。

SOUVENIR

果醬 | 火腿＆香腸

乳酪 | 花豆甜點 | 信州葡萄酒

要買信州伴手禮
就到輕井澤王子購物廣場吧 [DATA請見P94]

有很多想買的伴手禮，但買到大包小包的也很讓人頭痛。
沉重的瓶裝商品或隨手分送的伴手禮，都在「車站附近暢貨中心」買齊最輕鬆♪

COMMENTED BY　本間よしみ　WRITER

(NEW WEST)

さんくぜーる・わいなりー
St.Cousair Winery

由長野縣內擁有葡萄田的酒廠經營。除了自家
工廠釀造的葡萄酒之外，也販售原創的果醬及
義大利麵醬，也會推出使用當季食材製作的季
節限定商品。

☎0267-42-0074 🕐休準同購物廣場

1 法國香檳區的路易侯德爾特級香
檳750mℓ 7344日圓　2 東御的Villa
d'Est Gardenfarm and Winery生
產的PRIMAVERA CHARDONNAY
750mℓ 3090日圓　3 義大利代表性
紅葡萄酒、2012年SASSICAIA
750mℓ20520日圓

(CENTER MALL)

わいんしょっぷ・えのてか
紅酒商店ENOTECA

從適合每天飲用的，到稀奇的葡萄酒、有年代
的葡萄酒，從世界各地收集了約600種類的葡
萄酒。也有銷售當地葡萄酒廠釀造的葡萄酒。
要記得留意一下大量購買特價區和暢貨中心
區。

☎0267-41-3157 🕐休準同購物廣場

1 麝香葡萄香氣濃郁，最有
人氣的白葡萄酒，Niagara
Blanc（輕井澤限定標籤）
750mℓ 1620日圓　2 煙燻墨
魚片（左）、螃蟹風味乳酪
塊（右）各421日圓。與葡萄
酒很對味　3 特色是鹹度恰
到好處的鹽味香蕉片540日圓

(NEW WEST)

かるいざわ・ふぁーまーずぎふと

Karuizawa farmers's gift

店內陳列了眾多原創商品，有著受西洋文化影響的輕井澤風格，從下飯配菜到甜點，都使用了輕井澤及信州的蔬菜與水果。以瓶裝商品為主，商品種類相當豐富，可以一邊試吃一邊品味，很吸引人。

☎0267-41-1147 ●休準同購物廣場

1 生大蒜各230g 650日圓。羅勒風味（左）與薑風味（右） 2 信州蔬菜與根室昆布的醃漬品、野澤菜昆布山葵風味270g 500日圓 3 水果醬汁（綜合水果）220g 580日圓

1 水果醬汁 甜味（草莓）200ml 800日圓 2 花醋 玫瑰（右）100ml 800日圓與櫻花（左）100ml 800日圓 3 藍莓果醬（前）125g 627日圓、柑橘（後）125g 465日圓、草莓（右）125g 681日圓

(SOUVENIR COURT)

さわや

沢屋

澤屋因國產果實的無添加天然果醬而聞名，此處為澤屋的直營店。在水果最美味的季節採收，並且加工成瓶裝果醬。完全不添加防腐劑、化學香料的沙拉醬，以及用花朵製成的醋飲等都是人氣商品。

☎0267-41-0074 ●休準同購物廣場

SOUVENIR COURT

しらかば
SHIRAKABA

以輕井澤塔及布丁銅鑼燒1個270日圓等甜點及果醬最有人氣，是白樺堂的直營店，銷售輕井澤站前的自家工廠製造的商品。除了基本商品的西點與和菓子，也有原創果醬、沙拉醬汁等商品。

☎0267-42-6911 🕐休準同購物廣場

1 蘋果果醬(左)280g 864日圓、
藍莓果醬(右)280g 1080日圓　2
青蔥鹽味檸檬(左)、蕃茄羅勒(右)
各100g 454日圓　3 白樺堂名產
的輕井澤塔 8個入1080日圓

1 適合當下酒菜的味噌乳酪100g 600日圓　2 不用加熱就
可食用的環保蔬菜的鯷魚沾醬160g 864日圓　3 安曇野
優酪乳（左）150mℓ 194日圓、（右）900mℓ 756日圓。
特色是香醇的味道與和溫潤的口感

SOUVENIR COURT

かるいざわりぞーとまーけっと
軽井沢りぞーとまーけっと

以「風土's Food's」為主題，陳列了縣內各市町村的特產、老字號商店的逸品等約400種商品。有牧場直送的乳製品或畜產品、珍貴食材、保存食品等，商品種類相當豐富。

☎0267-41-2211 🕐休準同購物廣場

1 乳酪貓舌餅乾10片入 1242日圓 2 含有整顆糖類煮帶皮栗子的布丁 2個入 540日圓 3 核桃與味噌或蕎麥粉混合的味噌核桃（左）與蕎麥核桃（右）各486日圓

(SOUVENIR COURT)

かるいざわ しゅんすい
輕井沢 旬粋

使用信州當季的美味為素材，推出風格高雅的原創商品。除了使用蕎麥粉或水果製作西點與和菓子、地醸啤酒外，還有與手巾專賣店「Kamawanu」聯名的手巾商品，日式雜貨種類也很豐富。

☎0267-41-1114
🕐休 準同購物廣場

(SOUVENIR COURT)

かるいざわ かど・かど
KARUIZAWA CADEAU CADEAU

店名的「CADEAU CADEAU」在法文裡是「贈禮」的意思。以講究的蛋糕、餅乾與輕井澤的奢華氣氛皆以禮物為主題，銷售最適合當伴手禮和贈禮的商品。

☎0267-42-8423
🕐休 準同購物廣場

1 單包裝最適合作為伴手禮，常溫類型的烤乳酪蛋糕 6個入1380日圓　2 大量使用鮮奶油的濃郁半熟布丁 1個 432日圓

1 山葵風味的薯蕷的醃菜200g 540日圓　2 將國產野澤菜以秘傳醬汁醃漬的講究極品。野澤醃菜350g 378日圓　3 有5種口味選擇的烤餅 1個190日圓

(SOUVENIR COURT)

あじくら
味蔵

當地醃漬工廠的直營店。陳列了信州名產的野澤醃菜，以及在淺間山麓細心製作、商家自豪的醃菜。信州的故鄉美味「烤餅」也是隱藏版的名產。也有販售蕎麥麵、餅乾等，當季盛產的商品。

☎0267-42-8520
🕐休 準同購物廣場

在輕井澤王子購物廣場購物後
來個美味的小休憩 DATA請見P94

為購物奔走一番之後，來個美味的小休憩。
那間名店的甜點及講究的信州美食，有著連購物廣場都不容小覷的陣容。

COMMENTED BY 小野川由基知 EDITOR

(CENTER MALL)

みかどこーひー
Mikado Coffee

能夠享受使用嚴選自世界各地的咖啡豆，經細心焙煎的極品咖啡。咖啡是在點菜後才一杯杯濾煮。也有販售只有在舊三笠飯店才喝得到的專屬特調豆150g 1028日圓。

☎0267-42-0549
🕙10:00～20:00 🈺32

1 由專屬的西點師父所製作的濃郁乳酪蛋糕470日圓
2 分店限定的迷你摩卡與咖啡 800日圓

(輕井澤　味之街)

もんぜんようしょく ふじや

門前洋食 藤屋

位於善光寺門前的義大利餐廳監製的新形態洋食店。白飯使用長野縣東御市永井農場種植的信州自然乾燥米，再以爐灶烹煮，嚴選的食材及細心的調理，創造出充滿真心的料理。

☎0267-41-1800
🕐11:00～21:00LO　🪑60

1 可以一次享用炸蝦與雞肉咖哩、蟹肉奶油可樂餅等人氣菜色，「ごちそう」綜合精選&炸蝦 2116日圓。附白飯及湯品等　2 充滿設計感的裝潢，散發著高級感

1 以溶岩石窯烤的極美味窯烤牛肉三明治969日圓，附飲料及薯條為1344日圓
2 草莓巧克力鮮奶油冰可麗餅 650日圓

(FOOD COURT)

かるいざわふらっとぶれっず

軽井沢フラットブレッズ

堅持麵包使用信州產的全粒粉，從發酵到熟成都在店內進行。一天會出爐好幾次的特製麵包，夾進滿滿的新鮮蔬菜及嚴選食材，做成豐盛的三明治。不僅美味，也有益健康，源自輕井澤的美味三明治一定要試試看。

☎0267-41-2400
🕐準同購物廣場（LO為關店前15分）
🪑500（FOOD COURT內）

(FOOD COURT)

しんしゅうぐるめのうじょう

信州ぐるめ農場

使用在信州廣闊農場出產的牛奶以及雞蛋，提供只有產地才有的美食。長門牧場的咖哩中加入大量季節蔬菜的農場蔬菜咖哩1080日圓，裡面也加了長門牧場的牛奶、優格，口感濃稠，是很有人氣的菜色。

☎0267-41-6641
🕐準同購物廣場（LO為關店前15分）🪑500（FOOD COURT內）

1 商家自豪的親子丼993日圓，使用採購自養雞農場「ちゃたまや」鮮度十足的雞蛋和國產雞肉。軟嫩的口感，是會讓人上癮的絕品菜色。

輕井澤站周邊

かるいざわ・ぷりんすしょっぴんぐぷらざ

輕井澤王子
購物廣場

在約26萬㎡的腹地裡聚集了約240間店舖，為日本國內最大規模的暢貨中心。腹地內有池塘和寬敞草坪，有著高原才有的氣氛，很有吸引力。針對帶寵物一起來的顧客，也提供了充實的玩樂設施及服務。

☎0267-42-5211 MAP附錄正面②C4
🏠輕井沢町輕井沢 🚉JR輕井澤站附近
🕐10:00～19:00(會變動) 🈺不定休 🅿約3500輛
(2小時300日圓，之後每1小時100日圓。消費2000日圓以上可免費3小時)

地區介紹

Ⓐ CENTER MALL

位於輕井澤站的正對面，有很多咖啡廳及雜貨店，可以打發等新幹線的空檔。綜合服務處也位在此區。

Pick up SHOP
WINE SHOP ENOTECA等

Ⓑ TREE MALL

海外品牌、複合品牌店聚集的地區。有很多首次展店的商店。寵物相關的商店及咖啡廳也很多元。

Pick up SHOP
iittala、DOGDEPT+CAFÉ等

Ⓒ EAST

聚集了國內外戶外活動及運動品牌專賣店。有很多大規模的商店，可以悠閒地慢慢購物。

Pick up SHOP
OSHMAN'S

Ⓓ NEW EAST

比鄰皆是國內外複合品牌店和著名品牌。從珠寶到休閒，種類豐富。

Pick up SHOP
ABAHOUSE、CA4LA

Ⓔ GARDEN MALL

Chloe及BVLGARI等海外高級品牌聚集的地區。環繞著池塘配置了充滿高級感的店舖。

Pick up SHOP
Salvatore Ferragamo

Ⓕ SOUVENIR COURT

銷售信州特產品的8間店舖集合在同一棟建築物中，從菓子到醃菜都有。想要一次買齊伴手禮非常方便。

Pick up SHOP
沢屋、SHIRAKABA等

Ⓖ WEST

集合了童裝品牌及玩具等的兒童用品的店舖，以及鞋類、生活雜貨店舖的地區。

Pick up SHOP
SATO SHOES STUDIO等

Ⓗ NEW WEST

網羅國內外人氣流行服飾品牌到生活雜貨等，種類廣泛。可以有效率的在短時間內全部逛完。

Pick up SHOP
Afternoon Tea LIVING等

Ⓘ FOOD COURT

集合了種類多樣的8間專賣店。在室內有400個、露台有100個座位，用餐或休息等都可以隨意使用。

Pick up SHOP
輕井沢フラットブレッズ等

Ⓙ 輕井澤 味之街

除了信州的人氣商店外，還連著從全國精選的7間商店。有很多最終點餐時間為21時的店舖，可以在購物後悠閒地吃個飯。

Pick up SHOP
門前洋食 藤屋等

💭 小幫手
info

接駁車
在廣大的腹地中有免費的循環接駁車。以CENTER MALL為中心，會途經WEST、TREE MALL、GARDEN MALL、NEW EAST等處。

寵物同樂設施
在TREE MALL中有寵物SPA、狗狗咖啡廳、付費的狗狗運動場(1隻1080日圓、亦有小型犬專用區)等，有很多可以和愛犬一起同樂的設施。

/ 區域別 /

STANDARD SPOT CATALOG

必遊景點目錄

依照各區域介紹
遊客最常造訪的
必遊觀光設施、
好評餐廳、咖啡廳資訊。

詳細交通資訊請見 P136 >

CONTENTS

舊輕井澤～輕井澤站周邊

STANDARD
SPOT
CATALOG

観光

幸福之谷
はっぴーばれー
舊輕井澤

輕井澤唯一的石板散步道

位於萬平飯店的後側，石板步道悄然地延伸在閑靜的別墅區當中。因為到訪輕井澤的傳教士們被這個美景所感動，而稱之為幸福之谷。據說這條小徑也深受作家·川端康成的喜愛。距離大馬路有段距離因此車輛無法進入，到現在仍然保留著靜寂的氣氛。

MAP 附錄正面②D1
¥ L 休 可自由散步

1 從幸福之谷窺見佈滿青苔的別墅庭園，也別有情調　2 如同「幸福之谷」這個名稱，穿梭於樹木、綠苔之中的石板步道相當美麗

観光

舊三笠飯店
きゅうみかさほてる
舊輕井澤

1 ㄇ字型建築設計，外觀看起來像是左右有對翅膀一樣　2 舖上紅色地毯的樓梯。樓梯上的吊飾是唯一當時保存下來的實品

曾是文化人社交場所「輕井澤的鹿鳴館」

創業於明治39年（196），經營了64年的三笠飯店的建築物，現在公開開放參觀。是由日本人負責設計、施工的純西洋式木造飯店，已被指定為國定重要文化財。在館內還留有水晶吊燈、英國製磁磚的洗手台等，皆是當時最高級的設備。

☎0267-42-7072 MAP 附錄正面①D1
🏠 輕井沢町輕井沢1339-342 🚉JR輕井澤站車程10分 🚪入館400日圓 🕐9:00～17:00（入館～16:30）休無休 P30輛

AREA

舊輕井澤～
輕井澤站
周邊

KYUKARUIZAWA～
KARUIZAWAEKI·
SHUHEN

三笠通
みかさどおり
觀光
舊輕井澤

長2km落葉松林，很有情調的一條道路。在深
愛輕井澤的詩人，北原白秋的《落葉松》一詩
當中也曾登場過。從新綠到晚秋、冬天，各個
季節都可以看到美麗的風景，是代表輕井澤的
散步道。

MAP 附錄正面①D1
⏱💰休 可自由散步

1 推薦在高原清澈的空氣中享
受騎自行車的樂趣

萬平通
まんぺいどおり
觀光
舊輕井澤

因為通往輕井澤首屈一指老字號飯店的萬平飯
店，而被取名為萬平通，起自輕井澤本通約有
1km的長度。日本冷杉、楓樹綿延的筆直道
路，在樹林縫隙間看到若隱若現的別墅，也是
很有輕井澤風格的情調。

MAP 附錄正面②C2
⏱💰休 可自由散步

1 佈滿青苔的石牆與高大樹木
相連的風景，可以感受到避暑
勝地輕井澤的歷史

軽井沢
川上庵 本店
かるいざわ
かわかみあんほんてん
🍴用餐
舊輕井澤

這間蕎麥麵店面對舊輕井澤圓環，門口的露台給人深
刻的印象。蕎麥麵粉是自家磨粉，每天以石臼研磨當
天需要的量。顆粒磨得較粗的蕎麥麵香氣十足，與用
100%國產黃豆製作的沾醬汁相當對味。還有種類豐
富信州當地釀的酒，可以和蕎麥麵一起享用。

☎0267-42-0009 MAP 附錄正面③A4
🏠 軽井沢町軽井沢6-10 🚌旧軽井沢巴士站附近
⏱11:00～21:00LO（會變動）
休無休 P有（17:00～可利用）

1 顆粒較粗的竹筬二八蕎麥麵
950日圓。是很有咬勁的鄉村
蕎麥麵，特色是豐郁的風味

Chez
Marie
れすとらん しぇまり～
🍴用餐
舊輕井澤

與BOULANGERIE ASANOYA（→P72）併設的
餐廳。可一次享用到正統的洋食與ASANOYA
的麵包。也有提供早餐套餐1600日圓，有炒
蛋或豬肉香腸、加上3個種類麵包及飲料。

☎0267-42-3356 MAP 附錄正面③B2
🏠 軽井沢町軽井沢738 🚌旧軽井沢巴士站步行6分
⏱8:00～18:00（會變動）休
週二（12～3月週三，有不定
休）💺38 P無

1 費時燉煮的牛肉不但軟嫩又
入味，紅肉燉牛肉1750日圓

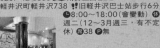

舊輕井澤～輕井澤站周邊 STANDARD SPOT CATALOG

舊輕井澤～
輕井澤站
周邊

KYUKARUIZAWA～
KARUIZAWAEKI·
SHUHEN

STANDARD SPOT CATALOG

信州當季的菇類
凝聚於法式料理套餐中

因為主廚太喜歡菇類，還會親自出門到長野周邊的野山中採收菇類。再將天然菇與季節素材組合作成法式料理。為了讓客人可以充分品嘗菇類的美味，從湯品到甜點，全部的料理都使用了菇類。

☎0267-42-3033 MAP 附錄正面②B2
🏠 輕井沢町輕井沢1157-6 🚉JR輕井澤站步行15分
🕐11:30～13:30LO、17:30～19:30LO(有季節性變動) 休週三、有其他不定休 席14 ℗4輛

① 將12種菇類以絕妙火力調理的季節菇類拼盤 1780日圓（未稅）～ ② 充滿溫暖氣氛的店內 ③ 午餐套餐2400日圓（未稅）～的其中一例

輕井澤站周邊

magicamente bivacco
まじかめんて びばっこ

🍴 用餐

以信州食材製作的
正統義大利料理

提供講究的手打義大利麵與炭烤料理的餐廳。午餐、晚餐皆只提供套餐，手打義大利麵的套餐為5120日圓～。義大利麵提供少見的種類。講究地產地銷，食材約有9成是產自信州，也備有長野產的葡萄酒。

☎0267-46-8917 MAP 附錄正面②B2
🏠 輕井沢町輕井沢1323-1389 🚉JR輕井澤站步行15分 🕐11:30～14:00LO、17:00～21:00LO
休不定休(1月～2月中旬為冬季休業) 席72 ℗12輛

① 將麵扭轉後接成環狀的義大利麵「麻花麵」，連在義大利當地也不容易吃到 ② 肉類料理的其中之一的煎信州牛類肉

輕井澤站周邊

E.Bu.Ri.Ko
えぷりこ

🍴 用餐

AREA

舊輕井澤～
輕井澤站
周邊

KYUKARUIZAWA～
KARUIZAWAEKI
SHUHEN

Ristorante Pietrino

（輕井澤站周邊）

りすとらんて
ぴえとりーの

🍴用餐

①

併設於KARUIZAWA NEW ART MUSEUM的義大利餐廳。最自豪的菜色貓耳朵麵，使用的幾乎都是當地產的現採新鮮蔬菜。午餐時間也提供2～3種類的手打義大利麵。

☎0267-46-8499 MAP附錄正面②C2
🏠輕井沢町輕井沢1151-5 🚃JR輕井澤站步行7分
🕐7:30～9:30LO（僅週六～一）、11:30～14:30LO、咖啡廳14:30～15:30LO、17:00～20:30LO 休週二（逢假日則翌日休，8月無休）席42 P20輛

① 蔬菜貓耳朵麵 1728日圓

Restaurant Pyreness

（輕井澤周邊）

れすとらん
ぴれね

🍴用餐

①

以暖爐炙烤信州當地的肉類及蔬菜等嚴選素材。座位配置是可以一邊用餐，一邊看主廚在暖爐前料理的模樣。午餐全餐的前菜約有20種類，可以隨喜好吃到飽。

☎0267-41-3339 MAP附錄正面②B2
🏠輕井沢町輕井沢1181-8 🚃JR輕井澤站步行15分
🕐12:00～14:30LO、17:00～22:00LO 休週四（夏季無休）席約20 P20輛

① 午餐全餐 暖爐烤雞3450日圓。前菜為自助吧，附生菜沙拉、法國麵包

Café Restaurant Paomu

（舊輕井澤）

かふぇ
れすとらん
ぱおむ

🍴用餐

①

從早餐時段開始營業，是在舊輕井澤長年深受喜愛的洋食店。最自豪的是費時燉煮、每天限定15份的紅酒燉牛肉套餐4104日圓等。以高碘蛋和輕井澤高原牛乳製作的輕井澤布丁486日圓，滑順且味道濃郁。

☎0267-42-8061 MAP附錄地圖③B3
🏠輕井沢町輕井沢806-1-2 🚃舊輕井沢巴士站即到
🕐9:00～19:00LO（會變動）休週四（8月無休，有冬季休業）席44 P無

① 以特製多蜜醬汁燉煮的牛肉片套餐 1620日圓

ちもと

（舊輕井澤）

ちもと

☕咖啡廳

①

江戶時代創業於東京、銀座的老字號和菓子店。現在是以甜品店的模式營業，寬敞的店內還留有宿場城市的茶屋氣息。傳承自江戶時代、在求肥餅皮中加入黑糖與核桃的ちもと餅227日圓，是這裡的名產。

☎0267-42-2860 MAP附錄正面③C2
🏠輕井沢町輕井沢691-4 🚃JR舊輕井沢巴士站步行7分 🕐10:00～17:00（會變動）休無休（有冬季休業）席70 P無

① 杏桃紅豆蜜702日圓。使用北海道產紅豆的紅豆餡、寒天、甜杏桃全是手工製作

舊輕井澤～
輕井澤站
周邊

KYUKARUIZAWA～
KARUIZAWAEKI
SHUHEN

STANDARD SPOT CATALOG

（舊輕井澤）

こーひー・かげき

咖啡廳

珈琲歌劇

在復古古典的洋館中
享用講究的咖啡

宛如英國都鐸王朝的洋館式咖啡廳。最講究的是配合店內的氣氛，帶了澀味與柔和、具厚重感的咖啡。為了讓客人可以喝得滿足，咖啡是裝在皇家哥本哈根密壺中端上桌的。

☎0267-42-7833 **MAP** 附錄正面③A4
🏠 軽井沢町軽井沢12-7 🚌 旧軽井沢巴士站附近
🕙10:00～18:00（7・8月為19:00）休無休（12～2月僅週六日、假日營業）㊼45 🅿無

1 混合3種咖啡豆的原創特調咖啡 880日圓 2 巧克力蛋糕等3種類蛋糕與咖啡套餐 1600日圓

（舊輕井澤）

みかどこーひー・かるいざわきゅうどうてん

購物

Mikado Coffee 輕井澤舊道店

使用自家焙煎的咖啡所製作的Mikado珈琲的摩卡霜淇淋 350日圓（內用為430日圓），是舊輕井澤銀座通的名產。在店內提供的舊輕通咖啡580日圓，是點餐後才開始沖煮，可品嘗到現煮咖啡的風味。

☎0267-42-2453 **MAP** 附錄正面③B3
🏠 軽井沢町軽井沢786-2 🚌 旧軽井沢巴士站步行3分 🕙10:00～17:00（會變動）休不定休㊼40 🅿無

1 使用專為霜淇淋製作而焙煎的咖啡豆。是只有咖啡廳才有的口味

（舊輕井澤）

かるいざわのあとりえ　るあとりえどかるいざわ

購物

輕井沢のアトリエ
L'ATELIER de Karuizawa

以「讓輕井澤人想拿來當伴手禮的商品」為概念，每件商品都充滿對於輕井澤的心意。使用當地豆腐店，松水庵的豆漿所製作的「舊道德國蛋糕」最具人氣。外包裝很時尚，很適合作為伴手禮。

☎0267-41-2888 **MAP** 附錄正面③B3
🏠 軽井沢町軽井沢778 🚌 旧軽井沢巴士站步行3分 🕙10:00～18:00（有變動）休冬季不定休 🅿無

1 舊道德國蛋糕巧克力（後）與香草（前）各237日圓。1盒5入為1080日圓

AREA

舊輕井澤～
輕井澤站
周邊

KYUKARUIZAWA～
KARUIZAWAEKI
SHUHEN

STANDARD SPOT CATALOG

Coruri KARUIZAWA
こるり かるいざわ

（ 輕井澤站周邊 ）

購物

使用信州產素材的手作甜點

以長野縣產磨地磨粉、雞蛋、季節水果等製作的西點店。以輕井澤的草莓、松本的玫瑰園的玫瑰、大黃等信州素材所製作的彩色馬卡龍，外表相當可愛。也有銷售馬卡龍內餡的果醬。

☎0267-41-0987 MAP 附錄正面②C2 🏠軽井沢町軽井沢1151-14 🚃JR輕井澤站步行12分 🕙10:00～20:00 休不定休（1月中旬約有10天連休）P無

1 あべさん430日圓～。口味及大小都不一致的原創馬卡龍 2 輕井澤馬卡龍1個165日圓～

大坂屋家具店 下の店
おおさかやかぐてん したのみせ

（ 舊輕井澤 ）

購物

是創業於明治25年（1892）、擁有100年以上歷史的家具店的分店。相對於以大型家具為中心的本店，在分店有豐富的小物和日式雜貨，輕井澤雕刻的逸品都可以用平易近人的價格入手。精細的手雕圖案非常美。

☎0267-42-5139 MAP 附錄正面③B3 🏠軽井沢町軽井沢593 🚃旧軽井沢巴士站步行3分 🕙10:00～18:00（夏季會延長）休不定休（有冬季休業）P無

1 施以輕井澤雕刻的手掌尺寸圓鏡 4536日圓～。也可同時購買手鏡袋 1620的日圓

**グロッサリーコート Cerfeuil
輕井澤銀座店**
ぐろっさりーこーと かるいざわぎんざてん

（ 舊輕井澤 ）

購物

在這裡提供了為廚房帶進度假風，及豐富餐桌色彩的瓶裝商品。將自然風味完整收藏的沾醬及果醬、醬汁，也有很多可供試吃。包裝又時尚又可愛，也推薦作為伴手禮。

☎0267-41-3228 MAP 附錄正面③B2 🏠軽井沢町軽井沢606-4 🚃旧軽井沢巴士站步行5分 🕙9:30～18:00（會變動）休不定休 P無

1 布丁果醬甜味110g 680日圓。還有紅茶及抹茶等其他種類

AREA

舊輕井澤～
輕井澤站
周邊

KYUKARUIZAWA
KARUIZAWAEKI-
SHUHEN

STANDARD SPOT CATALOG

（輕井澤站周邊）

腸詰屋 軽井沢 1号店
ちょうづめや かるいざわ いちごうてん

🛍 購物

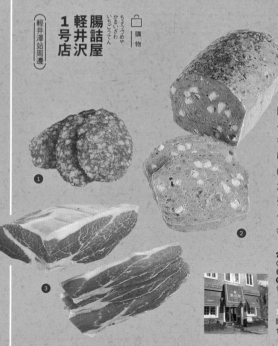

陳列約50種火腿及香腸

在這裡銷售輕井澤必買伴手禮，火腿及香腸。將高品質的國產肉類以德國傳統製法加工，封存肉品的美味而大受好評。在店內用餐的空間也提供三明治 714日圓～等。

☎0267-42-3791 MAP附錄正面②C3 🏠軽井沢町軽井沢東19-5 🚃JR輕井澤站車程5分 🕙10:00～18:00 休週三（7月中旬～8月無休，12下旬～3月中旬休業）席34 P4輛

1 義大利臘腸100g 750日圓 2 比薩肉餡捲 1條1512日圓 3 生火腿100g 1080日圓

大城レース
おおしろれす

（舊輕井澤）

🛍 購物

因應外國人別墅居民的需求，於大正7年（1918）創業的蕾絲專賣店。銷售從中國或歐洲進口的蕾絲產品和布料類。商品從家飾用大型桌巾到手帕、小袋子等小物都有，種類多樣。

☎0267-42-2107 MAP附錄正面③B2 🏠軽井沢町軽井沢745 🚌巴士站旧軽井沢步行5分 🕙9:30～18:30（11～4月為10:00～17:00，8月為～20:00）休無休（2月為不定休）P無

1 有細緻刺繡的蕾絲杯墊 230日圓～

軽井沢芳光 本店
かるいざわほうこう ほんてん

（舊輕井澤）

🛍 購物

使用各式各樣的蔬菜及水果製作醬汁及便菜等，商品種類相當的廣。因為也提供試吃，可以吃過再選擇最中意的商品，服務相當貼心。也有很多種以信州必買伴手禮野澤菜製作的加工品。

☎0267-42-1424 MAP附錄正面③B2 🏠軽井沢町軽井沢628 🚌巴士站旧軽井沢步行6分 🕙9:00～18:00（會變動）休不定休 P無

1 配菜醃芹菜&醃白蘿蔔230g 540日圓。不會過酸，非常順口

STANDARD SPOT CATALOG

KUTSUKAKE TERRACE くつかけてらす
👆 CHECK

中輕井澤站直通的地區交流設施。設施內部除了圖書館及觀光服務處之外，還有咖啡廳（A-WOTO→P105）和個性商店，深受當地居民及乘客喜愛。有時也作為音樂會或活動會場使用。

☎0267-41-0743 MAP 附錄正面④B4
🏠 輕井沢町長倉3037-18 🚃JR輕井澤站車程10分 🕐開館6:00～24:00（因店、活動而異。觀光服務處為8:30～17:00，會變動）🈳無休（因店而異）🅿73輛（30分鐘以內免費）

① 整片玻璃帷幕的開放感外觀

田崎美術館 たさきびじゅつかん
👆 觀光

以輕井澤為活動據點的畫家・田崎廣助的個性美術館。田崎是以淺間山、富士山等日本山岳作為題材，為人熟知的山岳畫家，但在這裡也可以看到充滿魅力的人物畫、靜物畫等山岳畫作之外的作品。

☎0267-45-1186 MAP 附錄正面④A3
🏠 輕井沢町長倉2141-279 🚃JR輕井澤站車程13分 💴入館900日圓 🕐10:00～17:00（10月～冬季休館為16:30）🈳週三（有臨時、展示品替換時休館，需洽詢）🅿20輛

① 可欣賞到多數強而有力的油彩畫

picchio びっきお
✏️ 體驗

與森林生物導覽員同行
輕井澤野鳥之森

以輕井澤為據點，進行針對野生動物的調查研究以及其保育活動，同時也舉行各式各樣自然體驗行程。可以體驗到棲息於野鳥之森的生物們不可思議的世界。大自然行程是從小孩到大人都會覺得有趣的內容。夜間的飛鼠觀賞行程也很有人氣。

☎0267-45-7777 MAP 附錄正面④B2
🏠 輕井沢町星野 🚃巴士站星野溫泉トンボの湯附近（JR輕井澤站搭乘免費接駁車車程15分）💴因行程而異 🕐旅客中心9:30～17:00（會變動）🈳無休 🅿200輛（特定日為付費）

體驗DATA
野鳥之森大自然觀賞
期間 一整年 時間 10:00出發（每天）、13:30出發（4～11月每天）費用 2100日圓 需時 約2小時 配備 防蚊液

① 在被楢樹街小鎮的樹林圍繞、水深1m的どんぐり池，進行水生生物的觀察 ② 一邊步行在散步道上，一邊尋找棲息在森林中的生物

中輕井澤
NAKAKARUIZAWA

STANDARD
SPOT
CATALOG

MODESTO
もですと

🍴 用餐

融合日式食材的
自然派義大利料理

由出身自長野縣上田市的主廚所經營的義大利餐廳。使用許多當地產的蔬菜，提供融合了日式食材的摩登義大利料理。有講究的生義大利麵，以及使用信州當地食材的套餐料理，另外也有單點料理。

☎0267-31-5425　MAP 附錄地圖④A3
🏠軽井沢町長倉3430-5　🚃JR輕井澤車站車程13分
🕐12:00～13:30LO、17:30～20:30LO　休週三
🪑18　🅿6輛

1 主菜的魚料理其中一例充滿季節感的午餐套餐4320日圓～。有前菜、主菜義大利麵、甜點、飲品。下方照片為義大利肉醬麵 2

il sogno
いる・そーにょ

🍴 用餐

在這裡可以品嘗到用石窯烤的披薩，還有加了大量蔬菜的義大利麵等義大利料理。以當季蔬菜為中心的菜單，不但健康且份量十足。可以吃到當季蔬菜的sogno風香蒜鯷魚熱沾醬蔬菜2786日圓（2～3人份）也很有人氣。

☎0267-31-0031　MAP 附錄正面④B2
🏠軽井沢町星野（榆樹街小鎮內）　🚃JR輕井澤站南口搭乘免費接駁車車程15分
🕐11:00～21:00LO（會變動）
休無休　🪑80　🅿停車場200輛（特定日為付費）

1 最有人氣的天然酵母披薩午餐1814日圓～

CHELSEA'S GARDEN CAFE
ちぇるしーずがーでんかふぇ

🍴 用餐

佇立於山坡上，英國風鄉村房舍的咖啡廳，最有人氣的是加了大量當天早上現採蔬菜製作的鹹派盤餐。還附了生菜沙拉、湯品、綜合小菜及飲料，是份量滿分的菜色。甜點還有手工蛋糕。

☎0267-46-1108　MAP 附錄正面④A1
🏠軽井沢町長倉2146-1380　🚃JR輕井澤站車程17分　🕐11:30～16:00　休不定休
🪑46　🅿10輛

1 鹹派盤餐1890日圓。特製的鹹派及小菜皆使用了大量的蔬菜

STANDARD SPOT CATALOG

ワイン&欧風料理
わいんあんどおうふうりょうり めりめろ
Meli-melo

〇〇用餐

1 內含前菜、義大利麵、主菜、甜點等的主餐推薦午餐4200日圓（2人以上出餐） 2 店內是採用挑高天花板的寬敞空間

享用以當地產食材製作的創作料理套餐

使用採購自當地契約農家的新鮮蔬菜，提供以法式料理基礎的歐風料理。比如說在醬汁中加了味噌等，融入日式素材的獨創性料理也頗受好評。而為了搭配料理，準備有多達100種以上的葡萄酒。

☎0267-44-3421 MAP 附錄正面④B3
🚃軽井沢町長倉2162-6 🚉JR輕井澤站車程10分
🕐11:30～14:30LO、17:00～20:30LO 🈺週四（夏季無休，冬季不定休）🈳58 🅿25輛

A-WOTO
あうぉーと
☕咖啡廳

1

中輕井澤站直通的鹹派專賣店。使用信州產新鮮素材的手工鹹派與熟食、飲料等的A-WOTO套餐，最適合想吃份量少一點午餐的時候。17時之後也提供葡萄酒及下酒菜。

☎0267-31-0605 MAP 附錄正面④B4
🚃軽井沢町長倉3091 KUTSUKAKE TERRACE2F
🚉信濃鐵道中輕井澤站直通
🕐10:00～22:00LO（週日、連休最終日～20:00）🈺週二、每月最後一個週四 🈳20
🅿使用中輕井澤站停車場（免費）1小時）

1 A-WOTO套餐 864日圓

CERCLE wine & deli KARUIZAWA
れすとらんあんどでりわいん せるくる
🛍購物

1

位於榆樹街小鎮（→P30）提供葡萄酒及熟食的店家。在展示櫃中陳列著以當地食材製作的熟食，店內也有多樣使用當地食材的加工品。在併設的餐廳中可以享用法式的單點料理及全餐。

☎0267-31-0361 MAP 附錄正面④B2
🚃軽井沢町星野（榆樹街小鎮內）🚉JR輕井澤站搭乘免費接駁車車程15分 🕐10:00～21:00LO（會變動）🈺無休（有臨時休業）🅿停車場200輛（特定日為付費）

1 在輕井澤採集到的楓糖125ml1080日圓

Gallery ju-KAN
ぎゃらりーじゅかん

🛍 購物

展示銷售木工、玻璃、陶藝、皮革製品等，各種領域藝術家的作品。店裡的商品種類多樣，從小物到家具、布類製品等都有。另外也不能錯過因應使用者需求而誕生的聯名原創作品。

☎0267-31-0023 ᴍᴀᴘ附錄正面④B2
🏠軽井沢町星野(榆樹街小鎮內) 🚌JR輕井澤站南口搭乘免費接駁車車程15分 🕙10:00～18:00(會變動) 🈺無休(有臨時休業) Ⓟ200台(特定日要付費)

1 以貝殼製作的迷你型水手八角情書 各1800日圓

Seringa
せりんが

🛍 購物

銷售以法國阿爾卑斯地區為中心、從歐洲各地直接進口的商品，為自然派品牌商店。在店內陳列著高質感的法國布織品及家飾用品等，讓人好像身在法國女孩的房間一樣。

☎0267-46-5527 ᴍᴀᴘ附錄正面④B2
🏠軽井沢町星野(榆樹街小鎮內) 🚌JR輕井澤站南口搭乘免費接駁車車程15分 🕙10:00～18:00(會變動) 🈺無休(有臨時休業) Ⓟ200台(特定日為付費)

1 以毛皮製作的抱枕12960日圓。有豐富的顏色和圖案

Shiotsubo Onsen Hotel
しおつぼおんせんほてる

♨ 溫泉

據說這個溫泉約是在800年前由源賴朝所發現，是輕井澤歷史最古老的溫泉。被稱為長命泉的溫泉水為無色透明。有肌膚觸感清爽、保溫效果長、美肌效果佳等多項功效的評價。

☎0267-45-5441 ᴍᴀᴘ附錄正面④B2
🏠軽井沢町中軽井沢塩壺 🚌JR輕井澤站車程15分 ♨入浴費1000日圓 🕙11:00～21:00 🈺無休 Ⓟ60輛

1 可以在一望置有巨岩的庭園露天浴池、附寢湯的大浴池中享受溫泉

軽井沢千ケ滝温泉
かるいざわせんがたきおんせん

♨ 溫泉

在這裡可享受到無色透明、水質柔和的流動式天然湧泉浴池。除了可眺望四周大自然的美麗景色、男女區隔的庭園露天浴池之外，還有有屋頂的露天浴池及室內大浴場。另外在芬蘭小屋中也有低溫三溫暖。

☎0267-46-1111 ᴍᴀᴘ附錄正面④A2
🏠軽井沢町千ケ滝温泉 🚌JR輕井澤站車程15分 ♨入浴費1130日圓～ 🕙12:00～21:30(週六日、假日、特定日為10:30～22:00) 🈺無休(有維修休業) Ⓟ200輛

1 大面窗戶與寬敞的浴池，挑高的天花板讓室內大池浴也很有開放感

1 描寫小鹿徬徨於星空下的繪本原畫。沒有文字，只以圖畫構成。《星のふる夜に#16》1994年　2 瀑布作品中最有人氣的一幅《ウォータフォール》1996　3 由建築師西澤立衛所設計的獨特建築物　4 在能感受到大自然的空間中欣賞作品

觀光

かるいざわせんじゅひろしびじゅつかん

輕井澤千住博美術館

**作品的世界觀
與大自然合為一體的空間**

活躍於國際的日本畫家千住博的世界首座個人美術館。依照各種企劃，由作者自己選出約40件作品，陳列在與大自然互相調和、很舒適的展示空間中。可以欣賞到代表性圖象「瀑布」的各種不同變化。

☎0267-46-6565　MAP 附錄正面⑤B2　🏠 軽井沢町長倉815　🚉 JR輕井澤站車程10分　💴 入館1200日圓　🕐 9:30～最終入館16:30　🚫 週二（逢假日則開館、7～9月無休、12月下旬～2月休館）🅿 100輛

南輕井澤
MINAMIKARUIZAWA

STANDARD SPOT CATALOG

Musée le Vent
るヴぁんびじゅつかん

観光

1 英國風的建築在當時是劃時代性的存在。也很推薦在庭院中散步　2 展示參與學院教育的藝術家作品

傳達自由的教育與藝術的精神
建築之美與作品們

由西村伊作及與謝野晶子等人於大正10年（1921）創立，是與文化學院因緣很深的美術館。建築物及庭園都是重現了創立時建築於東京的學院校舍，完成了英國小屋風格的架構。

☎0267-46-1911　MAP附錄正面⑤A2
🏠輕井沢町長倉957-10　🚃JR輕井澤站車程15分　💰入館800日圓　🕐10:00～17:00　🚫週三（7月15日～9月15日無休、11月上旬～6月中旬休館）🅿20輛

KARUIZAWA LAKE GARDEN
かるいざわ れいくがーでん

観光

以湖為中心劃分為8個地區，有玫瑰等惹人憐愛的花草成群綻放的庭園。英國玫瑰、鐵線蓮、貓爪草等等，從春天到秋天都可以欣賞花景。其中最華麗的是玫瑰花開的6～7月。

☎0267-48-1608　MAP附錄正面①D4
🏠輕井沢町LAKE NEW TOWN　🚃JR輕井澤站車程10分　💰入園1000日圓（有季節性變動）🕐9:00～17:00（會變動）🚫無休（11月4日～4月下旬為休園）🅿250輛

1 集合了香氣十足的玫瑰的「FRAGRANCE ROSE PATH」

軽井沢 Glass Gallery Arms
かるいざわ がらすぎゃらりー あーむす

体験

可以體驗以玻璃進行創作的工作室。玻璃珠製作體驗的對象為小學生以上。而將玻璃板與零件組合後，以窯燒製作的融合玻璃體驗2700日圓～等未使用火源的體驗，4歲以上起即可參加。

☎0267-48-3255
MAP附錄正面⑤B2
🏠輕井沢町長倉664-6　🚃JR輕井澤站車程8分　🕐10:00～18:00（冬季～17:00）🚫不定休（7、8月為無休）🅿30輛

體驗DATA 玻璃珠體驗
時間 同營業時間（預約者優先，受理人數2～6位）
費用 2160日圓（飾品材料費另計）
需時 15分～
配備 無

① ②

STANDARD SPOT CATALOG

Hermitage de Tamura
えるみたーじゅ・どぅたむら

🍴 用餐

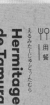

1 份量十足的套餐其中一例。午餐套餐8800日圓（外加服務費10%） 2 甜點的哈密瓜果凍及慕斯

**深受美食家們喜愛
代表輕井澤法式料理的名店**

東京‧西麻布「La Fée d'or」的主廚田村良雄將店舖遷移至輕井澤開業。講究當季及鮮度，食材收集自全國各地，製作帶出素材美味的簡單式法式料理。為了食量小的客人，也提供份量較少的SMALL套餐6800日圓。

☎ 0267-44-1611 MAP 附錄正面⑤B1
🏠 軽井沢町長倉820-98 🚉JR輕井澤站車程10分
🕐12:00〜13:00LO、18:00〜20:00LO 🈲週一、二（逢假日則營業、有冬季休業） 🪑28 🅿8輛

信州そば処きりさと
しんしゅう そばどころ きりさと

🍴 用餐

①

使用以石臼研磨、磨得較粗的蕎麥粉製作的二八蕎麥麵，特色是風味豐郁且滑順易入口。與鰹魚高湯味濃厚的偏濃醬汁充份融合，是吃了很有飽足感的逸品。另外也推薦網燒鴨胸肉1130日圓、蜜豆冰830日圓等。

☎0267-42-8585 MAP 附錄正面①D3
🏠 軽井沢町軽井町1075-20 🚉JR輕井澤站車程3分
🕐11:00〜20:00(售完打烊，冬季會變動) 🈲週二（5〜11月為無休） 🪑58 🅿20輛

1 招牌的冷蕎麥麵830日圓。天婦羅竹簍蕎麥麵中1590日圓

欧風食事処りんでんばーむ
おうふう しょくじどころ りんでんばーむ

🍴 用餐

①

主要是以南法及地中海料理為基礎的小酒館料理，從單點的義大利麵1058日圓〜，到套餐料理等，菜色相當豐富。可以在輕鬆的氣氛中享用到使用嚴選素材精心製作的南歐家庭料理，很有魅力。

☎0267-42-1035 MAP 附錄正面①D3
🏠 軽井沢町南が丘641-109 🚉JR輕井澤站車程10分 🕐11:00〜15:00LO、17:30〜21:30LO 🈲週一（逢假日則翌日休，8月為無休） 🪑36 🅿20輛

1 午餐套餐1620日圓〜，附生菜沙拉或湯品

❶

STANDARD SPOT CATALOG

滿滿的當地產有機蔬菜
有益健康的菜色

店長經歷過有機蔬菜的銷售，約在17年前開始經營餐廳。使用採購自佐久市農家講究的有機蔬菜，料理不但健康又份量十足。甜點、葡萄酒、果汁等都是有機的。

☎0267-46-2476 MAP 附錄地圖⑤A1
🏠軽井沢町長倉2733-1
🚃信濃鐵道中輕井澤站步行15分
🕐10:00～18:00（18:00後需預約）
🚫不定休（夏季無休）
🪑22 🅿7輛

🍴用餐

じねんや
軽井沢
バイパス店
じねんや かるいざわばいぱすてん

❶ 使用10種以上蔬菜的有機蔬菜丼（附飲料）1620日圓。以特製的義大利香醋提味

🍴用餐

Le Bon
Vivant
軽井沢
るぼん
う゛ぃう゛ぁん
かるいざわ

❶

因為重視與生產者的情誼，主廚會親自至契約農家進行蔬菜的採收。店裡提供講究地中海沿岸風格、可輕鬆享用的雅緻小酒館料理。大量使用信州的新鮮蔬菜的套餐也頗受好評。

☎0267-31-6605 MAP 附錄正面⑤B1
🏠軽井沢町長倉2621-19 🚃JR輕井澤站車程8分
🕐11:30～14:00、17:30～22:30 🚫週三 🪑30 🅿7輛

❶ 4500日圓（未含服務費）的午餐全餐中主餐的一例

🍴用餐

La locanda
del
pittore
Karuizawa
らうろかんだ
でる゛ぴっとーれ
かるいざわ

❶

在新潟長年受喜愛的披薩店，來到鹽澤通上展店。師父從劈柴開始親力親為，在自造的楢木窯中烤製最自豪的披薩，另外也可品嘗到以柴火直烤的烤肉料理，及使用當地產當季食材的義大利麵等。

☎0267-41-6124 MAP 附錄地圖⑤B1
🏠軽井沢町長倉820-15 🚃JR輕井澤站車程10分
🕐11:30～14:30LO、17:30～20:30LO 🚫週二
🪑60 🅿10輛

❶ 可以同時品嘗到瑪格麗特與辣味兩種口味的綜合披薩

十割さらしな蕎麦 志な乃
じゅうわりさらしなそば しなの

只使用蕎麥粉，再以淺間山的伏流水手工製作講究的十割蕎麥麵。使用蕎麥芯製作的「おがら蕎麦」及連外殼一起研磨的「田舍蕎麦」等，可以品嘗到以各種方式處理蕎麥子的菜單是這裡的魅力。另外也推薦煎蛋捲430日圓。

☎0267-44-1830 MAP 附錄地圖⑤B2
🏠軽井沢町長倉746 🚃JR輕井澤站車程10分 🕐11:00〜15:00、17:00〜19:00（夜間僅週六日營業）🈺週二 🅿32 🚗20輛

❶ 更科蕎麥麵1080日圓。特色是只使用蕎麥芯製作，有高級的風味

Brasserie NAKAGAWA
ぶらっづりーなかがわ

被玫瑰花園環繞著，有如隱居家屋般的餐廳。在高尚的店內，可以品嘗到大量使用當季食材的家常法國料理。午餐除了全餐料理外，也提供義大利麵2106日圓。

☎0267-44-6911 MAP 附錄地圖①D4
🏠軽井沢町発地342-2（LAKE NEW TOWN內）🚃JR輕井澤站車程13分 🕐11:30〜14:00LO、17:30〜20:00LO（晚餐需於前一天預約）🈺週三（旺季為不定休、有冬季休業）🅿32 🚗50輛

❶ 主餐午餐（魚肉套餐）2808日圓的其中一例

每天早上以石臼研磨 風味豐郁的二八蕎麥麵

嚴選國產的蕎麥子，每天早上以石臼研磨當天需要的份量。香味十足的蕎麥麵和高級柴魚片製作的清爽偏辣的醬汁相當對味。除了招牌的蕎麥麵外，還有附了前菜為當季食材天婦羅等的午餐全餐1850日圓，另外還有炸牛蒡1080日圓等單點的料理。

☎0267-44-6566 MAP 附錄正面①D3 🏠軽井沢町発地1398-58 🚃JR輕井澤站車程8分 🕐11:00〜15:00、18:00〜售完打烊（全餐需預約）🈺週二（7〜9月為無休）🅿40 🚗12輛

石臼挽き 蕎麦 東間
いしうすすきそば とうま

❶ 冷蕎麥麵850日圓。研磨較粗的蕎麥粉手工製成細的麵條，是可充分品嘗到蕎麥香氣的逸品

ELOISE's Café
えろいーずかふぇ

☕ 咖啡廳

在著名建築中同時享受大自然 奢侈的早餐&午茶時間

這裡是與輕井澤有淵緣的音樂教育家‧ELOISE CUNNINGHAM所建造的音樂廳「HARMONY HOUSE」。由日本數一數二的著名建築家吉村順三所設計的名建築，在2015年以咖啡廳型態開幕。請來品嘗一下法式吐司等有輕井澤風格的餐點。

☎050-5835-0554 ᴍᴀᴘ附錄正面①D3
🏠輕井沢町輕井沢1067-9 HARMONY HOUSE
🚶JR輕井澤站步行15分 ⏰8:00～14:30LO 🈺無休
（11月～4月上旬冬季休業）🈳22 🅿6輛

1 因為老舊而面臨拆除危機的建築物重生了 **2** 受傳教士喜愛的法式吐司1058日圓與半熟蛋吐司1382日圓

Tea Salon 輕井沢の芽衣
てぃーさろんかるいざわのめい

☕ 咖啡廳

由作家內田康夫‧早坂真紀夫婦擔任店長。位在綠油油的寬敞腹地中，可以一邊眺望著庭園的草木，一邊品嘗店家自製司康與壺裝紅茶770日圓。就請坐在露台座位上享受一道下午茶吧。

☎0267-48-3838 ᴍᴀᴘ附錄正面①D3
🏠輕井沢町発地1293-10 🚶JR輕井澤站車程10分
⏰10:00～17:00 🈺週三（夏季無休，11月僅週六日、假日營業，12～3月休業）🈳57 🅿20輛

1 紅茶與輕井澤司康的組合1130日圓

NAGAKURAYA
ながくらや

🛍 購物

這裡銷售重視素材的本質、有輕井澤風格的自然雜貨。不只是雜貨，也廣泛地收集了茶葉、果醬等原創商品。包裝設計高雅，也很適合當成伴手禮。如信州‧木曽檜的香精油1944日圓等。

☎0267-44-4055 ᴍᴀᴘ附錄正面⑤B2
🏠輕井沢町長倉333-1 🚶JR輕井澤站車程10分
⏰10:00～18:00 🈺不定休 🅿5輛

1 佐冰淇淋果醬150g 972日圓。為香草冰淇淋增添了奢侈風味

STANDARD SPOT CATALOG

STANDARD SPOT CATALOG

信濃追分文化磁場 油や
しなのおいわけぶんかじばあぶらや

👆 觀光

曾經是追分宿場的中心
活用舊旅館的複合設施

過去曾有堀辰雄等多數作家及文人逗留的油屋旅館,將該建築物改裝重生為藝術與文化的發信地。內有畫廊、閱讀咖啡廳、藝術商店等,在前日預約還可以住宿(1泊2名以上利用時,純住宿1名3880日圓)。

1 現在的建築物為昭和13年(1938)所建造 2 這裡聚集了畫廊、店家等。有時也會臨時舉行古董市集等活動。

☎0267-31-6511 MAP附錄正面⑥B1
🚶軽井沢町追分607 ‼信濃鐵道信濃追分站車程5分 🕚11:30〜17:00 🚫週二、三(夏季無休、有冬季休業)🅿20輛

追分宿 鄉土館
おいわけじゅく きょうどかん

👆 觀光

1

位於中山驛道與北國街道的分岐點,介紹追分在過去因為宿場城市而繁華的歷史。以江戶時代的宿場資料為中心,也以淺顯易懂的方式,依年代分別展示從繩文時代到現代的資料。也會不定期舉行與追分相關的企劃展。

☎0267-45-1466 MAP附錄正面⑥B1
🚶軽井沢町追分1155-8 🕚9:00〜最終入館16:30 🚫週三(逢假日則開館,夏季無休)🅿50輛

1 重現了當時的茶屋

蕎麦処 ささくら
そばどころ ささくら

🍴 用餐

1

以信州產的蕎麥為主,自行磨粉所製作的蕎麥麵評價很高。其中最有名的北信地區鄉土料理おしぼりそば,特色是以辣蘿蔔榨汁代替醬汁。數量限定的石臼粗磨蕎麥麵900日圓也請一定要試吃看。因為是人氣店家,建議要先行預約。

☎0267-46-5577 MAP附錄正面⑥B1
🚶軽井沢町追分655-3 ‼信濃鐵道信濃追分站車程5分 🕚11:30〜14:30LO、17:00〜20:30LO 🚫週二(冬季不定休)🈵40 🅿12輛

1 おしぼりそば980日圓。辣蘿蔔的微辣口感會讓人上癮

そば処 源水
そばどころ げんすい
用餐

在這裡提供以石臼磨的蕎麥粉中再加入蕎麥嫩葉的獨特手打蕎麥麵。因為加入了蕎麥葉，加重了蕎麥麵的香氣，當地居民也有很多人喜愛。除了三膳蕎麥麵之外，還有放了2隻炸蝦的海老おろし蕎麦1300日圓等也很有人氣。

☎0267-45-1138 **MAP** 附錄正面⑥A2
🏠軽井沢町追分1586-11 🚉信濃鐵道信濃追分站車程6分 🕐11:00～15:30、17:30～19:30LO(售完打烊) 休週四(逢假日則營業，1月中旬～2月休業) 席60 🅿15輛

1 可品賞到滑菇、山藥泥、山菜三種美味的三膳蕎麥麵1404日圓

RESTAURANT SOUILLARDE
れすとらん すいやるど
用餐

在法國及日本名店磨練身手的主廚所出品，以蔬菜為主、有益健康的法國料理。除了當地的蔬菜之外，冬季還會推出鴨肉及鹿肉等狩獵料理等，可以品嘗到當季的食材。自製的甜點也很讓人期待。

☎0267-46-2789 **MAP** 附錄正面⑥A1
🏠軽井沢町追分1551-2 🚉信濃鐵道信濃追分站車程7分 🕐12:00～13:30LO、18:00～20:00LO 休週一(逢假日則週二，有冬季休業) 席12 🅿5輛

1 可享用4道料理的午餐套餐4212日圓(未含服務費)的其中一例

古書 追分コロニー
こしょおいわけころにー
購物

這裡是陳列了「環保與經濟」的相關書籍，以及與輕井澤相關作品的古書店。也備有咖啡廳的空間，舒適度滿分。一邊喝著咖啡400日圓，一邊尋找喜歡的書籍吧。另外也有銷售原創的文具。

☎0267-46-8088 **MAP** 附錄正面⑥B1
🏠軽井沢町追分612 🚉信濃鐵道追分站車程5分 🕐12:00～17:00 休週一～三(逢假日則營業，夏季無休，1～3月不定休) 🅿5輛

1 店名的由來是取自詩人・立原道造的「浅間山麓に位する芸術家コロニイの建築群」

pain Trouver
ぱんとぅるーべ
購物

在架上陳列了硬式法國麵包及鬆軟芳香的可頌牛角，還有三明治、菠蘿麵包等約80種類的麵包。年輕的店長不斷地端出現烤麵包，讓店裡隨時都漂散著麵包的香氣。

☎0267-41-6678 **MAP** 附錄背面⑪H7
🏠御代田町塩野450-24 🚉信濃鐵道信濃追分站車程15分 🕐8:00～18:00(12~2月為～17:00) 休週二、三 🅿5輛

1 小巧的店內因為常客而熱鬧不已。最有人氣的是淺間麵包260日圓

mytrip
+more!

更多想去的地方・想做的事情

如果時間允許，務必加入行程安排的
地區、景點介紹，在此一併附上。

◁ 旅行一點靈 ▷

北輕井澤 きたかるいざわ

從輕井澤站到白絲瀑布的巴士車
程約25分。因為巴士班次少，
觀光景點的遍佈也很廣，所以最
好還是開車移動。一邊駕車兜
風，一邊欣賞山岳的風景吧。

小諸・東御 こもろ・とうみ

若從輕井澤站到小諸，搭電車約25
分。開車則車程約35分。因為觀光
景點都集中在小諸城址懷古園周
邊，因此可以悠閒地步行抵達。從
小諸出發到東御車程約20分鐘。

上田・別所溫泉 うえだ・べっしょおんせん

上田從輕井澤站搭電車約需1小
時，到別所溫泉則再需30分。
城郭都市上田和別所溫泉的觀光
景點都集中在步行可及的範圍
內。

詳細交通資訊請見 →P138

沉浸在淺間山麓的大自然中
北輕井澤・週末高原自駕兜風

穿越輕井澤，前往風光明媚的北輕井澤。
淺間山麓一片閒靜的高原，最適合想悠閒渡過的週末。

COMMENTED BY 高尾繪里 EDITOR

きたかるいざわ
北輕井澤

近距離欣賞淺間山
充滿清涼感的高原

這個地區位在淺間山北東方的山麓，標高1200m的位置。指的是群馬縣長野原町或嬬戀村一帶，這裡散佈著牧場及高麗菜田，是一片有如牧歌般的風景。鬼押高速道路等可以眺望美景的兜風路徑，特別有人氣。在森林中有很多是內行人才知道的咖啡廳及商店。

是這樣
的地區

☎0279-84-2047（北輕井澤觀光協會）
☎0279-97-3721（嬬戀村觀光協會） MAP 附錄背面⑪I3～5
JR輕井沢站搭乘往草輕交通巴士往草津溫泉車程39分，於北輕井澤巴士站下車

1 田地及牧場散佈在雄偉的淺間山麓，是非常閒靜的地區　2 RISING FIELD KARUIZAWA（→P118）的廣場　3 在高原的牛乳屋發現的可愛擺飾品

Let's Drive

1 清冽泉水流動的白絲瀑布（→P118）。夏季時也異常清爽，並且充滿負離子

2 LUOMUの森的閱讀咖啡廳「百年文庫」（→P120）。享受在有百年歷史的洋館中的閱讀時光

3 在森のサンドイッチやさん（→119）中，與天然酵母麵包及自製香草茶一同休息

Start — JR輕井澤站 — 車程13分 — ① RISING FIELD KARUIZAWA — 車程10分 — ② 白絲瀑布 — 車程28分 — ③ Bacon — 車程3分 — ④ 森のサンドイッチやさん — 車程5分 — ⑤ LUOMUの森 — 車程8分 — ⑥ 牛乳屋 — 車程35分 — Goal JR輕井澤站

Start

JR輕井澤站

らいじんぐふぃーるどかるいざわ

① RISING FIELD KARUIZAWA

散步其中也很有趣的露營場

於2015年7月完成整修重新開幕。充滿大自然的場地內，散佈著露營區、咖啡廳等，也有戶外運動區（1人500日圓〜，需預約）。也提供一日行程的BBQ服務（1爐最多6名。4104日圓〜，需預約），即使當天來回也可以玩得很盡興。

☎0267-41-6889 [MAP]附錄地圖⑪J6
🏠輕井沢町長倉2129 🚌JR輕井澤站搭乘草輕交通巴士往草津溫泉車程15分，於ライジング・フィールド輕井沢下車後步行5分
ⓥ入場540日圓 ⓛ依設施而異（咖啡吧為11:30〜21:00LO，有時會變動）ⓗ無休（11〜3月為週三、四）ⓟ25輛

1 高質感的帳棚區，Tatanka Premium，1棟最多入住4名9720日圓〜 2 附家具帳棚12960日圓〜。備有電源及BBQ爐具 3 可以一望淺間山的遊樂空地 4 在咖啡吧MOON BEAR中可以品嘗到100%國產和牛、肉汁豐富的KARUIZAWA BEAR'S BURGER 1500日圓等

しらいとのたき

白絲瀑布

白糸の滝

有如被風吹拂的窗簾一樣充滿清涼感的瀑布

淺間山的伏流水從岩層表面湧出，形成高3m、寬70m的瀑布。沿著穿越樹林的遊步道前進，就會看到如同白色絹布滑落的瀑布。新綠時期之外，在紅葉時期也是幅美景，可以說是輕井澤的第一名勝。

☎0267-42-5538（輕井澤觀光會館）
※使用行車導航時需洽詢
[MAP]附錄正面⑦B4 🏠輕井沢町長倉（白糸ハイランドウェイ途中）🚌從輕井澤站搭乘草輕交通巴士往草津溫泉車程23分，於白糸の滝下車後步行3分
ⓥⓛⓗ自由散步 ⓟ100輛（夏季為200輛）

1 步行在樹木茂盛生長的遊步道 2 優美的清澈水流，是座具女性美的瀑布 3 遊步道旁有從白絲瀑布流出的清冽小河

③ Bacon

豬肉濃郁的美味 手工無添加培根

這裡銷售嚴選國產的優質豬五花肉，且完全不使用添加物製作的培根。堅持傳統的製法，以手工精心製作的培根裡濃縮了肉的美味，是很有深度的味道。因為已經進行燻製，所以不用加熱也可以直接食用。

☎0279-86-2345　MAP附錄正面⑦A1
🏠群馬県嬬恋村鎌原1451-8 ‼JR輕井澤車程45分 🕙10:00～17:00
休週四(7月中旬～8月無休) 🅿12輛

1 從前方起為大和豬里肌培根100g 900日圓、大和豬肩里肌培根100g 800日圓
2 樸素風情的獨棟建築物，也併設製作培根的工坊

④ 森のサンドイッチやさん

もりのさんどいっちやさん

**享用店家自製麵包&香草茶
來頓暖和心靈的午餐時光**

三明治所使用的麵包是以店家自製的天然酵母製作，以三明治為伴小作休憩。自助式飲品有店家自製香草茶、紅茶、咖啡，各108日圓，價格很合理。麵包及香草茶可以在相鄰的商店購買。

☎0279-84-6295(大自然生活館) MAP附錄正面⑦A1 🏠群馬県長野原町北軽井沢1990-4053 ‼JR輕井澤站車程45分 🕙10:00～17:00 休週一～五(4、9、10月平日僅販售飲料，黃金週及夏季無休，有冬季休業) 🈂24 🅿50輛

1 香腸三明治324日圓與店家自製的滋潤茶108日圓
2 除了三明治外，森林中還有麵包店及香草工廠等

 雜貨店「ストウリ」裡陳列著木製品及有機食品等，都是對大自然無害的商品

るおむのもり

LUOMUの森

隨著吊床搖晃
忘卻時間的午後時光

位於廣大原生林的一角，為森林型的度假區。以建立於大正9年（1920）的洋館為中心，備有BBQ餐廳、閱讀咖啡、森林活動區（需預約）等設施，可以在森林裡玩上一整天。設有吊床的LUOMU CAFÉ也是絕佳的療癒空間。

☎0279-84-1733　MAP附錄正面⑦B1
⌂群馬縣長野原町北輕井沢1984-43　╏輕井澤站車程約45分　✓入場免費　◷9:00～17:00（有季節性及設施變動）　⊗無休（冬季不定休）　Ｐ70輛

因為是淺間高原最古老的洋館而為人熟知，頗具風情的建築物。裡面有雜貨店及閱讀咖啡廳

在閱讀咖啡廳「百年文庫」裡邊看書邊享受下午茶時間。咖啡500日圓等

石田觀光農園的大黃果醬140g 443日圓。酸度會讓人上癮

芬蘭傳統的馬克杯‧KUKSA 4860日圓。利用白樺樹的樹瘤手工製作。在スウトリ銷售

當地的石田觀光農園的手工醬。栗醋果醬140g 767日圓。在スウトリ銷售

在LUOMU CAFÉ的吊床午睡一下。冰咖啡400日圓

6 ぎゅうにゅうや

牛乳屋

牧場直營的現搾牛奶店
用乳製品作為伴手禮

位於嬬戀高原的松本牧場的直營店。這裡除了銷售以無農藥、無化學肥料牧草飼養的乳牛所現搾的牛奶之外，還有原創的乳酪等乳製品。另也設有咖啡廳空間，可以品嘗霜淇淋400日圓等。

☎0279-84-2110 **MAP**附錄正面⑦A2
🏠群馬県嬬恋村鎌原2015-50 **🚌**JR輕井澤站車程40分 **🕘**9:30〜17:00（7〜8月營業，有冬季休業）**🅿**12 **Ⓟ**5輛

Goal

JR輕井澤站

1 牛奶500㎖ 230日圓、原味優格405g 350日圓、手揉乳酪110g 970日圓等　2 標誌是立於店前方的乳牛圖案的招牌　3 店內有咖啡廳空間，也有露台的座位　4 裝飾於店裡的乳牛擺飾，非常有牛奶店的氣氛

Trip Column!

也看看其他必遊觀光路線

おにおしだしえん
鬼押出し園

淺間山於天明3年（1978）發生火山爆發，當時流出的溶岩慢慢冷卻後而形成特殊地形的名勝區。這裡有散步道路，也可以參觀觀音堂及鐘樓堂，或一邊散步一邊觀賞高山植物。

☎0279-86-4141 **MAP**附錄背面⑪H4 🏠群馬県嬬恋村鎌原1053 **🚌**從JR輕井澤站搭乘西武高原巴士往草津溫泉車程40分，於鬼押出し園下車 **🕘**入園650日圓 **🕘**8:00〜17:00（最終入園為16:30，會變動）**🈑**無休 **Ⓟ**750輛

1 奇石連立、景色荒旱的名勝。天氣好時可以遠眺谷川連峰
2 取自設施名稱，也設置了鬼的擺飾品及周邊商品

おにおしはいうぇー
鬼押高速道路

是連接輕井澤與草津溫泉的付費道路「淺間・白根火山道路」的中間區段。是這段道路中，最能以近距離看見淺間山絕佳景色的路段。想要稍作休息的話，也可以前往有餐廳等設施的淺間六里原休憩所。

🚌峰の茶屋〜鬼押し出し270日圓、鬼押し出し〜三原370日圓

🚗在淺間山麓舒爽地自駕兜風

重新發現美好古老日本之美
城郭都市・小諸的歷史散步

在小諸保留了曾經是城郭都市才有的街道，有很多歷經漫長歲月、充滿風情的建築物。
在保留400年前樣子的古城，以及深受文人喜愛的老字號旅店來一趟巡禮，享受充滿和風感的散步。

COMMENTED BY 朝倉利枝 WRITER

こもろ
小諸

是這樣
的地區

充滿風情的建築物林立
受歷史與文化薰陶的城郭都市

位於中山驛道的分岐點，曾經作為北國街道的宿場城市而繁華一時。同時也是小諸藩的城郭都市，四處都是歷史性的建築物。不少文人被這些古老商家建築及豐富自然景色所吸引，而誕生了如島崎藤村的『千曲川のスケッチ』等以小諸為題的文學作品。因為觀光景點都集中在車站周邊，建議以步行移動。

☎0267-22-1234（小諸觀光協會） MAP 附錄背面⑪ F7 🚃輕井澤站搭乘信濃鐵道25分於小諸站下車

1 登錄有形文化財「ほんまち町屋館」（→P123）佇立於舊北國街道上，為大正12年（1923）年的建築物 2 本町地區的古老商家建築物都被細心地保留下來 3 小諸城址 懷古園（→P124）裡佈滿青苔的石牆完全和築城當時一模一樣 4 草笛本店（→P123）香氣十足的核桃蕎麥麵

Start

信濃鐵道小諸站

とうろくゆうけいぶんかざい「ほんまちまちやかん」
① 登錄有形文化財「ほんまち町屋館」

到昭和40年代為止仍是經營味噌與醬油釀造的舊清水屋的店面，將這個商家構造的建築物活用作為本町地區的中心設施。在這裡也可以參觀過去味噌倉庫及健速神社例大祭時使用的神轎等。

1 展示了製造味噌的木樽等商業用具　2 併設有可以一望淺間山的寬敞庭園及休憩設施

☎0267-25-2770　**MAP** 附錄背面⑧J1
🏠小諸市本町2-2-9 **!!** JR.信濃鐵道小諸站步行8分 **♥** 免費入館 **🕐** 9:00～17:00(11～3月為10:00～16:00) **休** 週一(逢假日則翌日) **P** 無

こもろじゅくほんじんおもや
② 小諸宿本陣主屋

交替參勤的大名等人途經小諸宿時，用來休憩及住宿的本陣，由別處移建至此重現。裡面有畫廊展示、銷售住在小諸周邊作家的作品，也併設了展示小諸宿立體模型的歷史資料。

1 盡可能地使用舊的零件，忠實重現建築物裡的隔局
2 利用大名曾經使用過的上段和室作為畫廊

☎0267-24-7788　**MAP** 附錄背面⑧J1
🏠小諸市大手1-6-14 **!!** JR、信濃鐵道小諸站步行2分 **♥** 入館免費 **🕐** 9:00～17:00 **休** 週四(11月4日～3月休館) **P** 無

くさぶえほんてん
③ 草笛本店

小諸蕎麥麵切法據說是第一代小諸藩主・仙石秀久所傳授，這裡是遵守如此傳統製法的老字號。講究產地自銷，使用契作農家栽種的信州產蕎麥。以熟練的技術手工製作的蕎麵，是香氣十足的極品。

1 核桃風味的芳香核桃萩餅660日圓　2 又甜又辣的核桃沾醬讓人上癮，核桃蕎麥麵950日圓　3 店長的中村先生。大展50年的手打製麵技術

☎0267-22-2105　**MAP** 附錄背面⑧I1
🏠小諸市古城1-1-10 **!!** JR、信濃鐵道小諸站步行3分 **🕐** 11:00～15:00(售完為止) **休** 無休 **P** 150 **P** 5輛

小諸城址 懷古園
こもろじょうしかいこえん

邊欣賞著青苔石牆的古城散步

穴城．小諸城建設在比城郭都市還低的位置，是很少見的情況。起初因為山本勘助受到武田信玄命令而盤據於此，爾後再由首代小諸藩主．仙石季久進行整備後完成。園內有展示了島崎藤村遺物等的藤村紀念館及動物園等。

☎0267-22-0296 MAP附錄背面⑧I1
🏠小諸市丁311 🚃JR、信濃鐵道小諸站步行3分 ¥入園500日圓(散步券300日圓) 🕗8:30～17:00(動物園為～16:30) 🈺無休(12月～3月中旬週三休園) 🅿付費213輛(1次500日圓)

1 石牆仍保留築城當時的模樣。石塊堆積的方式和青苔可感受到年代的久遠
2 以400年前的模樣保存下來的大手門
3 有可以一望千曲川的展望台 4 在三門有德川幕府第16代當家．家達所書寫的「懷古園」大扁額

⑤ 中棚荘

島崎藤村在小諸義塾擔任教師時，曾經頻繁前往的溫泉旅館。有可以眺望千曲川及北阿爾卑斯山的露天浴場，以及有蘋果漂浮在水面上的內浴場（10月～4月），住宿之外亦可純泡湯。

☎0267-22-1511　**MAP** 附錄背面⑧I2
🏠小諸市古城1210　🚉JR・信濃鐵道小諸站車程5分　💴純入浴1000日圓、住宿1泊2食11556日圓～　🕐純入浴11:30～14:00最終進場　🈺無休（每月有維護休業2次）　🅿30輛

1 享受低鹼性的流動式天然湧泉　2 藤村的《千曲川旅情的詩》中登場的「河岸附近的旅館」

Goal

信濃鐵道小諸站

⑥ 停車場ガーデン

可以欣賞超過300種花草的花園。有銷售盆栽、幼苗、特產品的商店及花園咖啡廳。咖啡廳裡除了手工蛋糕外，還可以品嘗到季節的午餐盤1300日圓。

☎0267-24-2525　**MAP** 附錄背面⑧J1
🏠小諸市相生町1-1-9　🚉JR、信濃鐵道小諸站附近　💴入園免費　🕐9:00～19:00（10～3月～18:00）　🈺週四（逢假日則隔日休）　🪑約30　🅿3輛（有契約停車場）

1 百花齊放的美麗花園　2 季節蛋糕400日圓。照片為樹果蛋糕及茅屋乳酪的蛋糕　3 位於車站前，可悠閒地前往

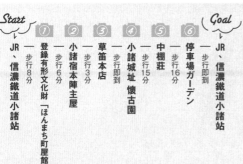

Start
JR、信濃鐵道小諸站
— 步行8分 —
① 登錄有形文化財「ほんまち町屋館」
— 步行6分 —
② 小諸宿本陣主屋
— 步行3分 —
③ 草笛本店
— 步行即到 —
④ 小諸城址 懷古園
— 步行15分 —
⑤ 中棚荘
— 步行16分 —
⑥ 停車場ガーデン
— 步行即到 —
Goal
JR、信濃鐵道小諸站

往滋野站
舊小諸本陣
① 登錄有形文化財「ほんまち町屋館」
信濃鐵道
草笛本店 ③
小諸城址 ④
懷古園
② 小諸宿本陣主屋
小諸站
小諸市役所
Start & Goal
小諸市動物園
停車場 ⑥
ガーデン
中棚荘 ⑤
往東小諸站
0　200M　N

喜歡美味葡萄酒的話
就再玩遠一些前往東御的葡萄酒廠

位於小諸往西北方向約20分車程的距離，擁有適合釀造葡萄酒的氣候及肥沃土壤的
「千曲川ワインバレー」。也有很多充滿個性的葡萄酒廠，要不要來試飲比較看看？

COMMENTED BY 高橋勝美 WRITER

りゅーどゔぁん
Rue de vin

**帶出土地的力量
個性的高級葡萄酒**

將荒廢的土地開墾後設立的葡萄酒
廠。栽種葡萄時講究的是活用土壤的
力量，製作使用了莎當妮、白蘇維
翁、梅洛的葡萄酒並於店內銷售。要
參觀葡萄酒廠必須先洽詢。餐廳則只
在週六、國定假日時營業。

☎0268-71-5973 MAP 附錄背面⑪E6
🏠東御市祢津405 🚩從上田站搭乘信濃鐵道車
程20分，於田中站下車後車程10分 🕙10:00～
17:00 ㊡無休（餐廳僅週六、假日營業）
Ⓟ10輛

1 結實累累的梅洛葡
萄。果粒紮實、味道
濃郁 2 葡萄酒廠擁
有53000㎡的腹地 3
梅洛葡萄酒750㎖
4500日圓、白蘇維
翁葡萄酒750㎖ 4800
日圓等。使用的是自
家栽種的梅洛葡萄及
莎當妮葡萄 4 涼拌
蔬菜800日圓、鄉村
肉醬1200日圓等，
使用自家栽種的蔬菜
製作的菜色搭配葡萄
酒一起享用

Lunch!

Lunch!

1 視野很好的南向坡地一整片都是葡萄園
2 大量使用當地食材的午餐套餐3600日圓。料理內容
會依季節而有變動 3 被花園環繞的店舖 4 以橡木桶熟
成的梅洛葡萄所製作的VIGNERONS RESERVE
MERLOT 750㎖ 5140日圓等 5 在店舖裡除了葡萄酒，
也有銷售繪有玉村畫作的餐具及名信片 6 繪有細緻的
植物圖案的小盤子1580日圓

Villa d'Est Gardenfarm and WineryVilla d'Est Gardenfarm and Winery

ういらですと　がーでんふぁーむ　あんど　わいなりー

**一邊眺望葡萄園
一邊享用農園料理**

由隨筆作家同時也是畫家的玉村豐男
所經營的葡萄酒廠。在約7萬㎡的腹
地內種植了約1萬株葡萄樹，還有花
園、商店、咖啡廳散佈其中。在咖啡
廳裡使用自家栽種的蔬菜及信州鮭魚
等當地食材的料理也頗受好評。午餐
建議事先預約。

☎0268-63-7373 [MAP] 附錄背面⑪D6
🏠東御市和6027 🚉信濃鐵道田中站車程20
分 🕙10:00～日落(咖啡廳為30分前LO) 🈚無
休(12月下旬～3月上旬休園) 🅿40桶

真田家的淵源地
上田城的史跡散步

到訪被稱為信州的鎌倉的城郭都市‧上田時，絕對不能錯過的就是上田城。
漫步在以真田信繁（幸村）為首、與真田氏淵源深厚的古城中，感受一下歷史情緒。

COMMENTED BY 小野川由基知 EDITOR

うえだ
上田

是這樣
的地區

信濃的名將‧
真田氏深愛的城郭都市

以智將身份有著高名氣的真田昌幸與兒子‧信
繁(幸村)等出身的城市。在鎌倉幕付擔任要職
的北条義政出家後，曾經居住於上田，因此有
很多神社佛閣及史跡。從上田城跡步行約10
分到達的柳町，四步散佈著各有風情的咖啡廳
及商店。喜歡歷史的話就要來真田的故鄉，同
時也要前往人稱信州最老的別所溫泉。

☎0268-23-5408（上田市觀光課）**MAP** 附錄背面①C5
🚶輕井澤站搭乘信濃鐵道車程58分，於上田站下車

1 櫻花盛開的4月上旬～中旬會舉行上田城千本櫻祭典
2 可以說是上田城門面的東虎口櫓門。左右為南櫓及北櫓 3 護城河跡
現在為欅木林。春天時的新綠及秋天的紅葉也是一絕 4 東虎口櫓門前
的水池。據說在廢城時護城河被填平了

PICK UP

① ② ③

① 真田石
さなだいし

高2.5m、寬3m，為城內最大的石頭。據說在真田家在松代移封之時企圖將它帶走，卻絲毫移動不了它。

② 上田城櫓
うえだじょうやぐら

南櫓、北櫓、東虎口櫓門現在作為資料館公開中。可以看到石落口及槍炮口等日本城特有的機關。

③ 真田神社
さなだじんじゃ

祭祀由真田氏為首的每一代上田城主。因為真田昌幸與信繁等智將，而聚集前來祈求保祐學業的信眾。

作為拍攝外景點的真田神社，在拜殿前方所放置的幸村的巨大頭盔。真田的代表色紅色相當醒目

④ 真田井戶
さなだいど

位於真田神社後方的大井。據說是通往約1km遠的太郎山麓及藩主居館跡的密道。

⑤ 西櫓
にしやぐら

現在本丸跡裡所佇立的三棟櫓當中，唯一從江戶時代初期保存下來的建築物。據說當時下方即是千曲川。

④

⑤

（ 上田站周邊 ）

うえだじょうせきこうえん
上田城跡公園

活用信州的地勢
成功防止德川軍猛攻的名城

由真田昌幸在天正1年（1583）所築的平城。活用千曲川挖堀了護城河，連續在上田合戰擊退了德川軍，因此以不破之城聞名。在關原之戰敗戰後廢城，爾後由上田藩主・仙石氏進行部份復元及改修。現在則整備成為市民休憩的公園。

參觀需時
40分

☎0268-23-5408（上田市觀光課）MAP附錄背面⑨K1 ♠上田市二の丸 ♥JR.信濃鐵道上田站步行12分 ♥♥休自由入園（櫓門入場300日圓、♥8:30～17:00、休週三，逢假日則翌日休）♥85輛（祭典、活動時可利用周邊停車場）

與上田城一併到訪
滿懷風情的柳町漫步

從上田城步行約10分，就會發現倉庫及長屋羅列的美麗街道。
名麵包店及老字號酒廠相鄰，美食和購物都可大大滿足。

COMMENTED BY 高尾繪里 EDITOR

1 以北國街道的宿場城市而繁華的地區。雖然街道只有短短的500m，卻羅列著酒廠、味噌店、提供信州美食的餐廳、復古咖啡廳等　2 "宇立建築"及門窗的木格子等，保留了歷史悠久的商店才有的建築樣式。照片為Levian信州上田店（→P131）的店內

Ⓐ Hasumi Farm shop&café@上田柳町

はすみふぁーむしょっぷあんどかふぇあっとうえだやなぎまち
Hasumi Farm shop&café@上田柳町

位於東御市的葡萄酒廠「Hasumi Farm」所經營的直營店。可以杯裝喝到原創葡萄酒及水果酒300日圓～，有喜歡的也可以直接購買。也提供午餐1000日圓及甜點。

☎0268-75-0450
[MAP] 附錄背面⑨L1 🏠上田市中央4-7-31 ♥JR・信濃鐵道上田站步行16分 🕙10:00～19:00 🈺週三（12月中旬～4月中旬為週二、三）🈶24 🅿2輛

1 左起為2014 Merlot 2900日圓、Niagara Dry 1800日圓、水果酒1500日圓。各為750mℓ　2 也有銷售葡萄酒杯飾吊飾等雜貨

岡崎酒造
おかざきしゅぞう

創業於寬文5年（1665），是信州最古老的老字號酒廠。一直以來都是使用菅平水系的水與信州產的米，以傳統製法進行釀酒。另外也有銷售用以前的酒袋製作的小零錢包1000日圓～等雜貨。

☎0268-22-0149
MAP 附錄背面⑨L1　🏠上田市中央4-7-33　🚉JR、信濃鐵道上田站步行16分　🕗8:30～17:30　休不定休　P5輛

1 信州龜齡 龜美山錦（きみやまにしき）純米大吟釀39　3820日圓、信州龜齡ひとごごち純米酒1370日圓等，各720㎖　2 也有銷售小酒杯等

B

森文
もりぶん

過去曾是和服店及郵局的咖啡廳，有130年以上的歷史。店內裝飾了古陶器及古董雜貨，散發著獨特的氣氛。手工過濾的咖啡請與手工蛋糕一起享用。

1 使用信州產蘋果製作的翻轉蘋果塔400日圓。蛋糕與飲品組合為700日圓　2 使用現磨咖啡豆、細心過濾的咖啡400日圓

☎0268-22-1458　MAP 附錄背面⑨L1
🏠上田市中央4-7-31　🚉JR、信濃鐵道上田站步行17分
🕗10:00～18:00　休週一（逢假日則翌日休）　P26　P6輛

D

1

2

1

2

B 岡崎酒造　C Levian 信州上田店　D 森文

1

2

自家製
天然酵母パン
上田 ルヴァン上田店

3

C

Levian 信州上田店
るヴぁん しんしゅううえだてん

將從契作農家採購的食材，以石臼研磨成全粒粉，再用天然酵母製成麵包，是評價很高的人氣店。也有推出依季節使用不同的長野縣產蔬菜及水果所製作的麵包。另外還併設了咖啡廳及餐廳。

1 使用屋齡100年的長屋　2 陳列了手工製作的麵包。麵包基本上以秤重方式銷售　3 從左起為鄉村麵包1g 1.2日圓、米朗琪1g 1.9日圓、紅豆麵包200日圓

☎0268-26-3866
MAP 附錄背面⑨L1　🏠上田市中央4-7-31　🚉JR、信濃鐵道上田站步行7分
🕗9:00～18:00（咖啡廳為10:00～16:30LO、用餐為11:00～16:30LO）
休週三、第1週四　P24　P4輛

探訪真田氏歷史的史跡
以自行車巡遊真田之鄉的「必走路線」

真田之鄉是真田氏在上田城築城之前的根據地，是真田家族的發祥地。
以自行車巡遊相關景點，來尋訪真田氏的歷史。

COMMENTED BY 小野川由基知 EDITOR

真田之鄉最重要景點之一就是真田氏本城跡。可以看到土壘、地道等遺構

JR上田站

在這裡
租自行車

ゆきむらゆめこうぼう
ゆきむら夢工房

這座複合設施中有觀光服務處、伴手禮商店等，是真田之鄉巡遊的起點。自行車出租 ◐9:00～17:00（櫃台～15:00）。 ¥免費。

☎0268-72-2204
MAP 附錄背面⑪D4 ♠上田市真田町長6090-1 ♥JR上田站搭乘巴士經由真田往菅原高原，車程24分，於幸村的夢工房前巴士站下車 ◐8:30～17:15 ⚫無休 Ｐ30輛

さなだしれきしかん
真田氏歷史館

真田之鄉裡數一數二的博物館，依時代的順序介紹真田一族的歷史。除了看板及圖畫等方式的展示外，也收集了信繁（幸村）的父親，昌幸與兄長·信幸的書狀等珍貴史料。

1 入口的真田幸村像　2 也可以看到武具、盔甲、生活用品等

☎0268-72-4344
MAP 附錄背面⑪D4 ♠上田市真田町本原2984 ♥ゆきむら夢工房搭乘真田之鄉周遊觀光巴士車程3分，於真田氏歷史館巴士站下車 ◐入館200日圓 ◐9:00～16:00（7～9月～17:00）⚫需洽詢 Ｐ30輛

PICK UP

①

真田氏館跡
さなだしやかたあと

這裡是真田氏在上田城築城為止的主要根據地，真田氏住居遺跡在當地被稱為「御屋敷」。以經過復元的居屋為中心，還可以看到四方型的大手門跡及馬屋跡、土壘等。

1 配合上石梯就會在前方看到居屋　2 土壘的高度最高有到4～5m

☎0268-72-2204（ゆきむら夢工房）
MAP 附錄背面⑪D4　▲上田市真田町本原2962-1　♥真田氏歷史館巴士站步行3分　Ⓨ🄻休可自由散步　P30輛

真田氏本城跡
さなだしほんじょうあと

推定曾經是真田氏本城的所在地，位於陡坡的上方。由三個城牆組合成大規模的山城，也設有水路。在這裡可以俯看整個上田盆地。

1 可以一窺真田氏巧妙的築城技術

☎0268-72-2204（ゆきむら夢工房）
MAP 附錄背面⑪D4　▲上田市真田町長5029-3　♥ゆきむら夢工房搭乘真田之鄉周遊觀光巴士車程10分、真田氏本城跡巴士站步行10分　Ⓨ🄻休可自由散步　P10輛

⑤ **長谷寺**
ちょうこくじ

昌幸的父親・幸隆以甲斐武田氏第一智將之名而聞名，這裡是他於天文16年（1547）所建立的。在腹地裡到處刻有六文錢的圖案，還有全國少見的拱型石門，以及幸隆夫妻與昌幸的墓地。

1 由左起為幸隆妻・幸隆、昌幸的墓地　2 在橫樑等處都刻了六文錢的圖案

②

☎0268-72-2204（ゆきむら夢工房）MAP 附錄背面⑪D4　▲上田市真田町長4646　♥ゆきむら夢工房搭乘真田之鄉周遊觀光巴士車程18分、長谷寺巴士站即到　Ⓨ🄻休寺內可自由散步　P10輛

①

Goal

JR上田站

⑤ **信綱寺**
しんごうじ

①

這裡祭祀了死於長篠之戰的昌幸的長兄信綱及次兄昌輝。腹地內除了信綱夫妻與昌輝的墓地外，在門前還有寬廣的歷史之丘公園。

1 爬過上石梯、穿越山門後，本堂就佇立在眼前　2 左起為信綱妻、信綱、昌輝的墓地

☎0268-72-2204（ゆきむら夢工房）
MAP 附錄背面⑪D4　▲上田市真田町長8100　♥從ゆきむら夢工房搭乘真田之鄉周遊觀光巴士車程40分、信綱寺黑門前駐車場巴士站步行3分　Ⓨ🄻休可自由散步　P10輛

②

Start

①	②	③	④	⑤	⑥	*Goal*
JR上田站	ゆきむら夢工房	真田氏歷史館	真田氏館跡	真田氏本城跡	長谷寺	信綱寺	JR上田站
巴士24分	自行車5分	步行即到	自行車10分	自行車12分	自行車25分	自行車12分+巴士24分	

ゆきむら夢工房 自行車出租處
⑥信綱寺

⑤長谷寺
④真田氏本城遺址
②真田氏歷史館
③真田氏館遺址

在信州最古老的溫泉地・別所溫泉
隨意漫步在復古的溫泉街

別所溫泉位於上田南方的塩田盆地，有多數歷史悠久的寺社。
泡完溫泉來一段古剎巡禮，讓身心都有被洗滌的感覺。

COMMENTED BY　高橋勝美　WRITER

北向觀音堂前的門前頗具風情，
是別所溫泉最熱鬧的街道

別所溫泉
べっしょおんせん

**多數古剎聚集
歷史悠久的溫泉地**

傳說是由日本武尊於1400年前開湯的溫泉。
在被稱為「信州的鎌倉」的上田中，也是歷史
特別長的城市，四處都是擁有重要文化財及國
寶的寺院。北向觀音堂周邊為溫泉街的中心，
在這一區有很多伴手禮店及餐飲店。因為溫泉
街相對來範圍較小，以致停車場很少，所以建
議以步行移動。

☎0268-38-3510（別所溫泉觀光協會）　MAP附錄背面⑪
A6　╏╏JR上田站搭乘上田電鐵別所線車程27～30分、於
別所溫泉站下車後步行10～15分

是這樣
的地區

↓

Start

上田電鐵
別所溫泉站

大湯
おおゆ

溫泉街中三個外湯當中，唯一備
有露天浴池的浴場。在平安後
期，因為木曾義仲前往京都時途
經這裡，與葵御前一同在這裡入
浴，故也被稱為「葵之湯」。

1 明亮的內湯與露天浴池可以享
受流動式天然湧泉　2 三層唐破
風屋頂很醒目的湯屋建築

☎0268-38-5750（別所溫泉財
產區）　MAP附錄背面⑩L3　🏠上
田市別所溫泉215-1　╏╏上田電
鐵別所溫泉站步行8分　💰入浴費
150日圓　🕐6:00～22:00　休第1
・3週三（遇假日則營業）　Ｐ10輛

べっしょえすぷれっそ
BESSYO ESPRESSO

講究焙煎製程的咖啡專賣店。炭火焙煎濃縮咖啡280日圓～，可品嘗到咖啡豆的甜味和濃郁。使用紀州備長炭手工焙煎的咖啡豆香氣特別重。

1 炭火焙煎加倍濃縮咖啡330日圓與阿芙加朵600日圓　2 使用曾經是拌手禮店的建築物

☎0268-75-5478　MAP附錄背面⑩L3
🏠上田市別所溫泉208-1 🚃上田電鐵別所溫泉站步行8分 🕐9:00～12:00、14:00～18:00(週六日、假日為9:00～18:00) 🈺4月上旬～1月中旬營業，期間中週一下午，週二定休 🅿10 🚗6輛

きたむきかんのんどう
北向觀音堂

創建於天長2年（825）的古剎。據說相對於南向的善光寺保祐未來，北向觀音堂保祐的是現世。只參拜其中一處被稱為偏參拜，因此建議兩邊都要參拜。

1 手水舍使用的是溫泉水　2 御本尊是以北向方式安置

☎0268-38-2023　MAP附錄背面⑩K3
🏠上田市別所溫泉1666 🚃上田電鐵別所溫泉站步行10分 🚻可自由散步 🅿無

あしゆななくり
足湯ななくり

這個足湯的外型模仿的是安樂寺的八角三重塔。八角形的湯池中蓄滿了從附近源泉引流而來的溫泉水。腹地內安置了據說可保祐求子的湯掛け地藏菩薩。

1 將溫泉淋在湯掛け地藏菩薩身上來祈願吧　2 位於溫泉街的中心，是北向觀音堂附近的足湯

☎0268-38-3510(別所溫泉觀光協會)　MAP附錄背面⑩K3
🏠上田市別所溫泉1717 🚃上田電鐵別所溫泉站步行8分 🚻足湯免費 🕐6:00～21:00(11～2月為9:00～18:00) 🈺無休 🅿無

Goal

別所溫泉站
上田電鐵
別所溫泉站

あんらくじ
安樂寺

創建於平安時代，於鎌倉時代成為禪宗寺院而興盛，是信州歷史最為悠久的禪寺。日本最古老的禪宗式建築八南三重塔已被指定為國寶。

1 國寶，八角三重塔是現存塔中唯一的八角塔　2 保留茅草屋頂形狀的本堂

☎0268-38-2062　MAP附錄背面⑩K3
🏠上田市別所溫泉2361 🚃上田電鐵別所溫泉站步行12分 🚻八角三重塔參拜費300日圓 🕐8:00～17:00(11～2月～16:00) 🈺無休 🅿30輛

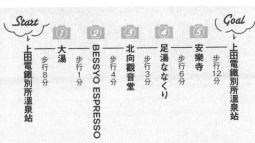

Start — Goal

Start	①	②	③	④	⑤	Goal
上田電鐵別所溫泉站	大湯	BESSYO ESPRESSO	北向觀音堂	足湯ななくり	安樂寺	上田電鐵別所溫泉站
	步行8分	步行1分	步行4分	步行3分	步行6分	步行12分

地圖：
常楽寺　別所神社
N 0 100M
Start&Goal 別所溫泉站 往上田站 別所線電車
⑤ 安樂寺
82 湯川 旅館花屋H
④ 足湯ななくり
大師湯
③ 北向觀音堂　H玉屋旅館
石湯
BESSYO ESPRESSO②　①大湯

GOOD
安心的住宿指南
TO SLEEP

きゅうかるいざわほてるおとわのもり
輕井澤圭音羽之森酒店

仿造國家重要文化財「三笠飯店」的建築物，古典風格的飯店很有特色。客房有8個種類，全部的房間都可以眺望教堂及中庭。在「RESTARUNT桂姬」可以品嘗到正統的法式料理，也深受輕井澤貴婦們喜愛。晚餐為6480日圓～。

1 從窗戶可以眺望教堂的HIGH DELUX ROOM。1樓房間附有露台　2 紅磚瓦外牆裡的白色窗框特別醒目

☎0267-42-7711　MAP 附錄正面② C2　🏠輕井沢町輕井沢1323-980 🚌JR輕井澤站步行15分　¥1泊2食18360日圓～　⏰IN14:00/OUT11:00 休無休 P65輛（免費）

あーとほてるふぉろんかるいざわ
ART HOTEL FOLON KARUIZAWA

飯店位在通往雲場池的離山通上，風格雅緻。屬公寓式飯店，全部房間都附有廚房，也附有Wifi、DVD、獨立浴室、空氣清淨機。每個房間的室內裝潢都不同，可以選擇自己喜歡的房間。2樓的客房也可以與愛犬一起住宿。

☎0267-41-3343　MAP 附錄正面② C2　🏠輕井沢町輕井沢10-6 🚌舊輕井沢巴士站步行2分　¥純住宿1泊5500日圓～　⏰IN16:00/OUT11:00 休無休 P16輛（1泊500日圓）

つるやりょかん
つるや旅館

在江戶時代開業當時為中山驛道上的旅館。這裡會為人熟知，是因為志賀直哉、谷崎潤一郎、芥川龍之介等眾多文豪曾經滯留於此，且埋首執筆。除了和室客房外，也備有和洋室及洋室。旅館內部全是昭和初期的家具，可以感受到只有老字號旅館才有的風情。

☎0267-42-5555　MAP 附錄正面③ C1　🏠輕井沢町舊輕井沢678 🚌舊輕井沢巴士站步行8分　¥1泊2食17820日圓～　⏰IN14:00/OUT11:00 休無休 P25台輛（免費）

ほてるかじまのもり
Hotel Kajima no Mori

位在面積約33000㎡的廣大「鹿島森林」當中，全部的客房都可以眺望庭園。在昭和31年（1956）時以高爾夫球場的小屋型式誕生，進而發展成財經界人士聚集的豪華社交場。在主餐廳中可以品嘗到以傳承自創業當時的食譜所製作的料理。

☎0267-42-3535　MAP 附錄正面② B1　🏠輕井沢町輕井沢1373-6 🚌JR輕井澤站車程8分　¥1泊2食25500日圓～　⏰IN15:00/OUT12:00 休有冬季休業（需洽詢）P50輛（免費）

ほてるまろうどかるいざわ
輕井澤馬德羅酒店

位於輕井澤站步行可達的閑靜別墅區內。舒適的客房有洋室、和洋室、和室的3個種類，每一種都是簡單但機能性的空間。在可以品嘗到正統法式料理的主餐廳及酒吧「FONTAINE」，渡過悠閒的時光。

1 雙人房為33㎡～。房間沒有過度的裝飾，有著成熟的氣氛
2 配合別墅區的氣氛的低樓層飯店

☎0267-42-8444　MAP 附錄正面② D3　🏠輕井沢町輕井沢1178 🚌JR輕井澤站步行10分　¥1泊2食14000日圓～　⏰IN15:00/OUT11:00 休無休 P60輛（免費）

※1泊2食、1泊附早餐、純住宿的費用為1室有2人住宿時，1人的價格。單人房、雙人房的價格為1間房間的價格。

輕井澤站周邊 ———————— 度假飯店

ほてるはーべすと きゅうかるいざわ

HOTEL HARVEST KYUKARUIZAWA

位於輕井澤站附近充滿綠意的地區。在寬廣的腹地內，客房配置成面對庭園及森林的方向，是讓每個房間都可以欣賞到風景的隔局。大浴場中除了內湯外，還有露天浴場，可以一邊享受森林的空氣一邊泡湯。

1 雙人房有面對著中庭的露台 2 屬於東急不動產集團的飯店，也併設會員制的飯店

☎0267-41-3005　MAP 附錄正面②C3　♠輕井沢町軽井沢1178-493　♥♥JR輕井澤站步行11分　¥1泊含早餐13002日圓～　●IN15:00/OUT11:00　休無休　P157輛(免費)

輕井澤站周邊 ———————— 度假飯店

かるいざわほてる ろんぎんぐはうす

輕井澤酒店LONGINGHOUSE

客房有附大浴室、附岩盤浴等，依照需求有多樣化的類型。併設的「野菜がおいしいレストラン」中，可以品嘗到於專用農園中生產的講究料理。另外也有美容沙龍、包租浴池、岩盤浴等，受女性喜愛的設施及服務也很充實。

1 面積50㎡的新館TERRACE SWEET和洋室。在浴室也可以享受窗外的風景　2 很可愛的別墅風格飯店。

☎0267-42-7355　MAP 附錄正面④D4　♠輕井沢町軽井沢泉の里　♥♥JR輕井澤站車程5分　¥1泊2食10800日圓～　●IN15:00/OUT11:00　休無休(有維修休業)　P30輛(免費)

南輕井澤 ———————— 高級飯店

ざ・ぷりんす かるいざわ

輕井澤皇家王子大飯店

飯店座落在全部客房都可以看到雄偉的淺間山美景的位置。在「Beaux Sejours餐廳」中，可一邊欣賞窗外的風景，一邊享用講究食材的法式料理和陳年葡萄酒。因為與高爾夫球場相鄰，最適合住宿期間想安排活動的人。

☎0267-42-1112　MAP 附錄正面①E3　♠輕井沢町軽井沢　♥♥JR輕井澤站車程5分　¥1泊2食27205日圓～　●IN15:00/OUT12:00　休有冬季休業　P72輛(免費)

南輕井澤 ———————— 小型飯店

るぜ・う゛ぃら

RUZE Villa

雖然是全部只有5間客房的小型飯店，但每間客房都是附了客廳的奢侈隔局。館內放置了古董的家具品，就有如西洋的宅邸一樣。與約45000株玫瑰及花朵齊放的KARUIZAWA LAKE GARDEN相鄰，窗外一片是如同繪畫的風景。

☎0267-48-1626　MAP 附錄正面①D4　♠輕井沢発地渡リ道342　♥♥JR輕井澤站車程7分　¥1泊附早餐16000日圓～　●IN15:00/OUT11:00　休有冬季休業　P5輛(免費)

別所溫泉 ———————— 溫泉旅館

りょかんはなや

旅館花屋

創業於大正6年（1917）。由傳統木匠建造的日本建築以室外走廊相連接，從走廊就可以欣賞到日本庭園的景色。而客房中有從迴廊移建而來的蒔繪天花板等，也是很精彩的設計。已獲登錄為國定有形文化財。

☎0268-38-3131　MAP 附錄背面⑩L3　♠上田市別所温泉169　♥♥上田電鐵別所溫泉站步行5分(有免費接駁車，需洽詢)　¥1泊2食18360日圓～　●IN15:00/OUT11:00　休無休　P30輛(免費)

別所溫泉 ———————— 溫泉旅館

たまやりょかん

玉屋旅館

創業約140年的老字號旅館。流動式天然湧泉的浴池有電氣石露天浴場、石頭露天浴場、內湯可以選擇。在2015年也推出重新裝修的摩登和洋室。也可以在包廂中享用宴會料理。

☎0268-38-3015　MAP 附錄背面⑩L3　♠上田市別所温泉227　♥♥上田電鐵別所溫泉站步行8分(有免費接駁車，需洽詢)　¥1泊2食16150日圓～　●IN14:00/OUT11:00　休無休　P22輛(免費)

ACCESS GUIDE

輕井澤的交通

前往輕井澤大多是從首都圈搭乘北陸新幹線為大宗。從名古屋、大阪方向也是先在東京站轉搭新幹線的方式最為快速。
而地區內的移動則以出租自行車最方便。依移動範圍大小,也可以搭乘巴士或租車。

各地前往輕井澤的交通方式

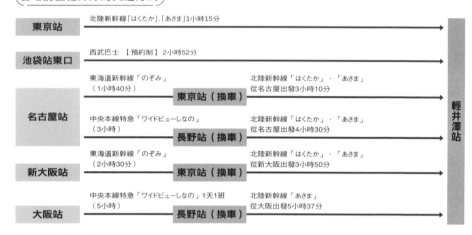

東京站	北陸新幹線「はくたか」.「あさま」1小時15分
池袋站東口	西武巴士 【預約制】 2小時52分
名古屋站	東海道新幹線「のぞみ」（1小時40分）→ 東京站（換車）→ 北陸新幹線「はくたか」・「あさま」從名古屋出發3小時10分
	中央本線特急「ワイドビューしなの」（3小時）→ 長野站（換車）→ 北陸新幹線「はくたか」・「あさま」從名古屋出發4小時30分
新大阪站	東海道新幹線「のぞみ」（2小時30分）→ 東京站（換車）→ 北陸新幹線「はくたか」・「あさま」從新大阪出發3小時50分
大阪站	中央本線特急「ワイドビューしなの」1天1班（5小時）→ 長野站（換車）→ 北陸新幹線「あさま」從大阪出發5小時37分
	輕井澤站

自行車出租

自行車出租店 MAP

自行車約約7分（步行約20分）

自行車出租店

自行車出租店大多位在輕井澤站北口周邊,在本通沿路或舊輕銀座周邊也有。費用大約為1小時500日圓～,一次租借1天比較便宜。可以參考在各店發送的原創自行車地圖或自行車建議路徑上設置的標識。

自行車出租Q&A

Q 請問哪裡有停車場?
A ●有很多設施都有設置停車空間,請將自行車停放在指定的位置。如果沒有指定位置,也請向店家詢問後,放置在不影響通行的位置。
　●因為舊輕井澤銀座的人潮擁擠,使得自行車難以通行,因此建議將自行車放置在舊輕圓環旁邊的公營輕井澤停車場自行車停放處(免費),再以步行觀光。
Q 請問需要預約嗎?
A ●雖然也可以當天預約,但事先預約還是比較安心。尤其是黃金週或夏天等旺季,最好都先預約。而因為電動自行車數量不多,想租的話最好先行預約。

舊輕井澤周邊

サイクルメイトQ旧軽本店
☎0267-42-2365
▼1小時540日圓～

小林サイクリングセンター
☎0267-42-2621
▼1小時500日圓～

輕井澤站周邊

地産サイクル
☎0267-42-5614
▼1小時500日圓～

サイクルメイトQ駅前店
☎0267-42-8985
▼1小時540日圓～

レンタサイクル市村輪店
☎0267-42-2484
▼1小時450日圓～

サイクルメイトQ新軽(しんかる)店
☎0267-42-3315
▼1小時540日圓～

巴士

輕井澤站	草津交通‧西武高原巴士　5分　160日圓	舊輕井澤	草輕交通巴士　自輕井澤4分　270日圓	三笠
	西武高原巴士　15分　460日圓			中輕井澤 **星野溫泉蜻蜓之湯**
	西武高原巴士（急行鹽澤湖線）　15分　410日圓			南輕井澤 **鹽澤湖**
	草輕交通　23分　710日圓			北輕井澤 **白絲瀑布**
中輕井澤站	千曲巴士　25分　200日圓			西輕井澤 **追分公民館**

舊輕井澤接駁車

連接輕井澤站與舊輕井澤圓環的接駁車是由草輕交通所營運。黃金週及7月18日～8月31日時，有從輕井澤站北口2號乘車口發車的班次，及從輕井澤站南口發車，經由東急HARVEST的班次，皆是30分發一班車。5月16日～11月1日（不含上述期間）的週六、日、國定假日時，則是從輕井澤站南口發車、途經由北口2號乘車口的班次，約是1小時發一班車。11月30日～4月21日則是南口發車、途經北口2號乘車口的班次，一天發3班車。車資為160日圓。

僅假日運行的臨時巴士

西武高原巴士從輕井澤站往風越公園的急行班車（鹽澤湖線），於7月19日～9月23日之間1天發7班車。乘車處為輕井澤站北口④號乘車口，途經千住博物館→鹽澤→鹽澤湖→繪本之森美術館→愛爾茲玩具博物館→風越公園。車資（單程）到繪本之森為410日圓，到風越公園為440日圓。

※發車日、費用等資訊為2015年的資料。

鐵路

| 輕井澤站 | 信濃鐵道　約4分 | 中輕井澤站 | 信濃鐵道　從輕井澤站約8分 | 信濃追分站 | 信濃鐵道　從輕井澤站約14分 | 御代田站 |

自駕兜風

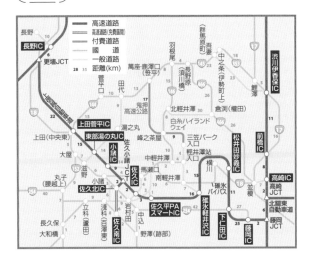

交通管制資訊

輕井澤站前到舊輕井澤的一帶，會有禁止通行的時期或時間帶。黃金週時會實施停車換乘，因此要將車輛停在信濃鐵道各站周邊的停車場，轉乘鐵路或接駁車。

塞車資訊

黃金週及7月下旬～8月中旬、10月楓紅時期，輕井澤一帶時常會發生塞車的狀況。為了避開塞車，只能選擇繞道或利用早晨不易塞車的時間帶。前往舊輕井澤時，可以將車停在輕井澤站北口周邊的停車場，搭乘接駁車或以步行前往。

車輛出租

駅レンタカー軽井沢営業所
☎0267-42-6454

INDEX

觀光景點　體驗

從名字搜尋

用餐　　咖啡廳　　購物　　夜間娛樂　　溫泉　　住宿

來趟發現「心世界」的旅行

mani
mani

漫履慢旅
輕井澤
上田

休日慢旅 ⑨

【休日慢旅9】

輕井澤・上田

作者／JTB Publishing, Inc.
翻譯／張嫚真
校對／顏若伃
編輯／陳宣穎
發行人／周元白
排版製作／長城製版印刷股份有限公司
出版者／人人出版股份有限公司
地址／23145新北市新店區寶橋路235巷6弄6號7樓
電話／（02）2918-3366（代表號）
傳真／（02）2914-0000
網址／www.jjp.com.tw
郵政劃撥帳號／16402311人人出版股份有限公司
製版印刷／長城製版印刷股份有限公司
電話／（02）2918-3366（代表號）
經銷商／聯合發行股份有限公司
電話／（02）2917-8022
第一版第一刷／2017年4月
定價／新台幣320元

日本版原書名／マニマニ輕井沢・上田
日本版發行人／秋田 守
Manimani Series
Title: Karuizawa・Ueda
©2016 JTB Publishing, Inc.
All Rights Reserved.
First published in Japan in 2016 by JTB Publishing, Inc., Tokyo.
Chinese translation rights arranged with JTB Publishing, Inc.
through Creek and River Co., Ltd., Tokyo.
Chinese translation copyright ©2017 by Jen Jen Publishing Co., Ltd.

國家圖書館出版品預行編目(CIP)資料

輕井澤・上田 / JTB Publishing, Inc.作 ；
張嫚真翻譯. -- 第一版. --
新北市：人人, 2017.04
面；　公分. -- (休日慢旅；9)
ISBN 978-986-461-107-2(平裝)

1.旅遊 2.日本長野縣

731.7439　　　　　　　　　106004589

WHH

● この地図の作成に当たっては、国土地
理院長の承認を得て、同院発行の50万分
の1地方図、2万5千分の1地形図及び電子
地形図25000を使用した。（承認番号
平26情使、第244−804号）

この地図の作成に当たっては、国土地理院
長の承認を得て、同院発行の数値地図50
mメッシュ（標高）を使用した。（承認番
号　平26情使、第242−488号）

● 本書中的內容為2015年11月～12月的資
訊。發行後在費用、營業時間、公休日、菜
單等營業內容上可能有所變動，或是因臨時
歇業等而有無法利用的狀況。此外，包含各
種資訊在內的刊載內容，雖然已經極力追求
資訊的正確性，但仍建議在出發前以電話等
方式做確認、預約。此外，因本書刊載內容
而造成的損害賠償責任等，弊公司無法提供
保證，請在確認此點之後購買。

● 本書中的各項費用，原則上是取材時確
認的消費稅含稅金額。而入園門票等，沒有
特別標示者都是成人的費用。但是，各種費
用還是有可能變動，在前往消費時請多加注
意。●關於交通工具的所需時間都只是參考
時間，請多留意。另外，關於公共交通工具
的車資，使用IC乘車卡時，部分地區、公司
的車資可能會有不同。●公休日原則上皆略
新年期間、盂蘭盆節、黃金週和臨時停業的
標示。●本書刊載的利用時間，原則上為開
店（館）～閉店（館），最後點菜及入店
（館）時間，通常為閉店（館）時刻的30
分～1小時前，請多留意。●本書刊載的溫
泉泉質、效能表與各具備的性質，並非個別
浴池的功效，是依照各設施提供的資訊製作
而成。

● 本書刊載的住宿費用，原則上單人房
雙床房是1房的客房費用，而1泊2食、1泊
附早餐、純住宿，則標示2人1房時1人份的
費用。金額是以採訪時的消費稅率為準，包
含各種稅金、服務費在內的費用。費用可能
因季節、人數而有所變動，請多留意。

See you!

SPECIAL THANKS !

在此向翻閱本書的你，
以及協助採訪、執筆的各位
致上最深的謝意。